LANGENSCHEIDTS
SPRACHFÜHRER
NORWEGISCH

LANGENSCHEIDT
BERLIN · MÜNCHEN · ZÜRICH

Bearbeiter: Else-Helén und Kjell Bjørnskau
unter Mitwirkung der Langenscheidt-Redaktion
nach einem Entwurf von Dr. Horst J. Becker.
Illustrationen: Karl Bauer-Oltsch und Ib Withen.

Auflage:	10. 9. 8. 7.	Letzte Zahlen
Jahr:	1984 83 82	maßgeblich

Satz und Druck: Druckhaus Langenscheidt, Berlin-Schöneberg
Printed in Germany
ISBN 3-468-22240-8

Angenommen, Sie wollen verreisen —

und haben keine oder nur geringe Kenntnisse der Sprache, die an Ihrem Reiseziel gesprochen wird. Schon im Hafen oder auf dem Flugplatz werden Sie unverständliche Aufschriften sehen. Der Gepäckträger wird bedauernd die Achsel zucken, und auch dem Taxifahrer werden Sie kaum Ihre Wünsche klarmachen können. Ähnlich wird es weitergehen — in Hotels und Restaurants, beim Einkaufsbummel und beim Tanzen, bei der Polizei oder beim Arzt. Besonders schwer wird es schließlich der Kraftfahrer haben, der sich bei einer Panne oder gar einem Unfall nicht in der Landessprache ausdrücken kann. Sie werden Zeit und Geld und manchmal vielleicht die Nerven verlieren.

Mit diesem neuartigen Sprachführer sollen Ihnen diese Schwierigkeiten soweit wie möglich abgenommen werden. Er ist in der Praxis entstanden und für die Praxis gedacht. Wir haben versucht, ihn möglichst übersichtlich zu gliedern, alle Situationen eines Reisenden zu erfassen, die Benutzung ganz einfach zu gestalten und den naturgemäß etwas trockenen Inhalt durch kleine Zeichnungen aufzulockern.

Wir empfehlen Ihnen, vor der Verwendung dieses Sprachführers die folgende „Gebrauchsanweisung" genau durchzulesen.

1. Wir haben den gesamten Stoff in 18 Kapitel gegliedert. Sie beginnen — wie das Inhaltsverzeichnis auf den Seiten 5—7 zeigt — mit allgemeinen Redewendungen und Wörtern. Dann folgen Kapitel über das Reisen mit den verschiedenen Verkehrsmitteln, über Unterkunft und Verpflegung, über andere Fragen, die Ihnen in einem fremden Land begegnen werden, über den Umgang mit Behörden, über Gesundheit und Körperpflege. Den Abschluß bilden die Kapitel über Einkäufe und Vergnügungen.

2. Außer dem Inhaltsverzeichnis soll Ihnen auch das alphabetische

Register auf den Seiten 190—192 das Auffinden der gesuchten Sätze und Wörter erleichtern.

3. Eine Erklärung der Aussprache und der von uns verwendeten Lautschrift finden Sie auf den Seiten 8—11. Versuchen Sie, sich schnell an die „Internationale Lautschrift" zu gewöhnen — Sie werden bemerken, daß die meisten Buchstaben dieselben wie im lateinischen Alphabet sind und daß Sie sich nur einige wenige abgewandelte Buchstaben einprägen müssen, die spezifisch norwegische Laute wiedergeben. Die Lautschrift wird Ihnen dabei helfen, das Norwegische richtig auszusprechen und Ihren Gesprächspartner richtig zu verstehen.

4. Diejenigen, die sich zumindest einige Grundkenntnisse der Grammatik aneignen wollen, verweisen wir auf die kurzgefaßte Zusammenstellung auf den Seiten 181—189.

5. Sie werden selbst bemerken, daß die deutschen Redewendungen und Wörter schwarz und fett gedruckt sind, die fremdsprachigen dagegen rot. Darunter oder daneben steht dann in gewöhnlicher schwarzer Schrift die lautsprachliche Umschrift.

6. Allgemeine Bemerkungen, die Ihnen helfen sollen, sich im fremden Land richtig zu benehmen und seine Besonderheiten zu verstehen, haben wir rot umrandet.

7. Schwarz umrandet finden Sie Hinweise und Aufschriften, die Ihnen begegnen werden.

8. Gelegentlich haben wir zwei Sätze zusammengefaßt und dabei die auszutauschenden Wörter oder Satzteile durch *Kursivdruck* gekennzeichnet. Ein Beispiel: Für „Gibt es eine *bessere (kürzere)* Straße?" geben wir Ihnen als Übersetzung „Finnes det en *bedre (kortere)* vei?". Das bedeutet: „Gibt es eine bessere Straße?" heißt „Finnes det en bedre vei?" „Gibt es eine kürzere Straße?" dagegen „Finnes det en kortere vei?".

9. Der bestimmte Artikel wird im Norwegischen angehängt. Wir haben deshalb in den Wörterlisten diesen Schlußartikel (und die Mehrzahlformen) hinter den norwegischen Hauptwörtern gegeben. So werden Sie mit Hilfe der Ausführungen über die Grammatik (S. 181—182) leicht richtige Sätze bilden können.

10. Um Ihnen die richtige Betonung der norwegischen Wörter zu erleichtern, sind alle mehrsilbigen Wörter in der Lautschrift mit Akzenten versehen. Ausführliche Erklärungen finden Sie auf den Seiten 8—10.

Und jetzt sprechen wir norwegisch: **Og nå skal vi snakke norsk!**

INHALTSVERZEICHNIS

DIE AUSSPRACHE DES NORWEGISCHEN

Eine einheitliche, allnorwegische Aussprache gibt es nicht. Besonders stark schwankt die Aussprache der Vokale (insbesondere die e-Laute, u und au) und der Verbindungen der Zahnlaute mit **r**. Die in diesem Sprachführer angegebene Aussprache richtet sich nach einer die krassesten Unterschiede ausgleichenden Norm, die im großen und ganzen mit den dominierenden Sprachgewohnheiten des Südostnorwegischen übereinstimmt.

Man muß im Norwegischen zwischen einem dynamischen Akzent (Druck) und einem musikalischen Akzent (Ton) unterscheiden. Der **Druck** liegt in den meisten norwegischen Wörtern auf der ersten Silbe; Vorsilben sind jedoch wie im Deutschen häufig unbetont: frøken ['frø:kən] *Fräulein*, betale [be'ta:lə] *bezahlen*. Viele Fremdwörter haben den dynamischen Akzent der Originalsprache: telegram [tele'gram] *Telegramm*, balkong [bal'kəŋ] *Balkon*.

Der **Ton** des einzelnen Wortes im Norwegischen ist — anders als im Deutschen — im allgemeinen ein **Tiefton**, d. h., die Drucksilbe wird tiefer gesprochen als die anderen Silben. Da der Druck normalerweise auf der ersten Silbe liegt, steigt also der Ton zum Ende des Wortes. Die letzte Silbe wird daher höher ausgesprochen als die erste (ungefähr wie in einer Frage) in z. B. reise [ᵛræjsə(?)] *Reise*, koffert ['kufərt(?)] *Koffer*. Nur im letzten Wort des Satzes verbleibt der Ton auf der gleichen Höhe: Min kone kommer i morgen [min ᵛku:nə(?) 'kəmər(?) iᵛmo:rən(-)] *Meine Frau kommt morgen.*

Der Tiefton herrscht in allen zwei- oder mehrsilbigen Wörtern; außerdem hat jedes Wort seine eigene **Wortmelodie**, die entweder ein einfacher steigender Ton ist, Akzent I, oder ein zusammengesetzter fallend-steigender Ton, Akzent II.

Akzent I (Zeichen ['] vor der Drucksilbe): Die Drucksilbe liegt auf einer tiefen Tonstufe, der Ton jeder weiteren Silbe steigt:

stranda *(der Strand)* statsminister *(Staatsminister)*

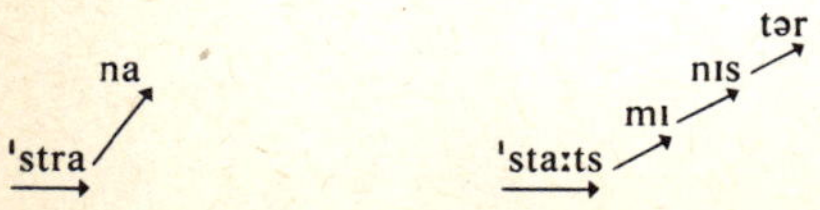

Etwaige drucklose Silben vor der Drucksilbe liegen auf einer mittleren Tonstufe; die Drucksilbe liegt also in jedem Fall auf der tiefsten Stufe:

industriminister

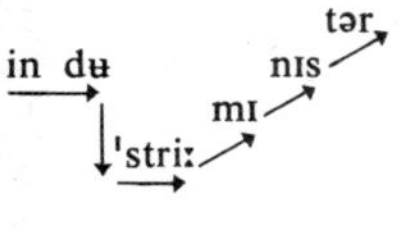

appelsinmarmelade

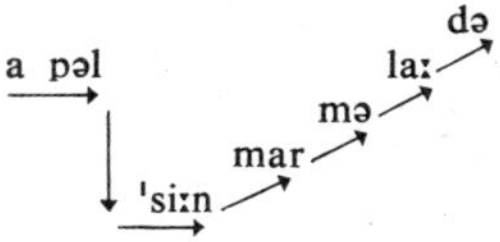

Akzent II (Zeichen [ˇ] vor der Drucksilbe):

Zweisilbige Wörter: Der Ton sinkt auf der (im Verlaufe der) ersten Silbe, steigt wieder auf der (im Verlaufe der) zweiten, und endet auf einer höheren Stufe als der Ansatz:

bade *(baden)*

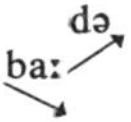

Drei- und mehrsilbige Wörter: Der Ton liegt (aber sinkend) in der ersten Silbe auf einer Mittelstufe, in der zweiten Silbe auf einer tieferen Stufe. Ab zweiter Silbe steigt der Ton, so daß die Endsilbe höher liegt als der Ansatz:

badestrand *(Badestrand)*

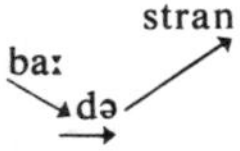

badestranda *(der Badestrand)*

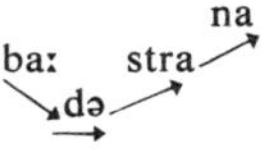

Der **Satzakzent** muß von Anfang an genau beachtet werden. Die Wörter, die dem Sinn nach zusammengehören, werden im allgemeinen auch in der Aussprache zusammengezogen. Dabei fallen häufig unbetonte Vokale im Inlaut und Auslaut weg, während die den Hauptsinn des Satzes tragenden Wörter äußerst stark betont werden. So kann ein Satz wie: Jeg har ikke lyst til å begynne [jæj ha:r ˇıkə 'lʏst tıl o be'jʏnə] *Ich möchte nicht* (eigtl. *habe keine Lust zu) beginnen* bis zu [jæ 'hakə 'lʏst oˇby:nə] reduziert werden.

Der vorliegende Sprachführer versucht hier einen mittleren Weg zu gehen. In den alphabetischen Vokabelreihen wird die übliche Aussprache angegeben. Die Lautschrift vollständiger Sätze aber zeigt die Aussprache der einzelnen Wörter in dem betreffenden

Satzzusammenhang, so wie sie in der gepflegten, jedoch ungekünstelten Sprechsprache mit einem Mindestmaß von Zusammenziehungen vorliegt.

Erklärung der Aussprachebezeichnung

1. Alle nicht bezeichneten Vokale sind kurz auszusprechen.
2. Doppelpunkt [ː] hinter einem Vokal bezeichnet Länge.
3. Die Akzentzeichen [ˈ] und [ᵛ] stehen in mehrsilbigen Wörtern vor der Drucksilbe und bezeichnen gleichzeitig den musikalischen Akzent des Wortes. [ˈ] gibt den Akzent I an, [ᵛ] den Akzent II. In zusammengesetzten Wörtern werden bisweilen zwei Silben mit Akzentzeichen gemerkt. In diesem Fall trägt dann die erste akzentuierte (bezeichnete) Silbe den Hauptton des Wortes, die zweite hat einen leichten Nebenton, z. B.: hjerteinfarkt [ᵛjærtəɪnˈfarkt] Herzinfarkt. Das Akzentzeichen [ˈ] steht in Sätzen teilweise auch vor einsilbigen Wörtern, um zu zeigen, daß das betreffende Wort stark (tief) zu betonen ist.

Erklärung der einzelnen Lautzeichen mit Beispielen

A. Vokale

aː	etwas dunkler als in Vater	**dag** daːg *Tag*
a	derselbe Laut kurz	**hatt** hat *Hut*
æː	liegt dem **a** näher als dem **e**	**her** hæːr *hier*
æ	derselbe Laut kurz	**vært** vært *gewesen*
ɛ	kurzes offenes **e (ä)** wie in fällen	**leppe** ᵛlɛpə *Lippe*
eː	langes geschlossenes **e** wie in sehen	**se** seː *sehen*
e	derselbe Laut kurz	**telegram** teleˈgram
ə	wie das schwache **e** in bitte	**måle** ᵛmoːlə *messen*
iː	langes geschlossenes **i** wie in wir	**viser** ᵛviːsər *zeigt*
i	derselbe Laut gekürzt	**vi ser** vi ˈseːr *wir sehen*
ɪ	kurzes offenes **i** wie in bin	**finne** ᵛfɪnə *finden*
oː	etwas offener als **o** in Sohn	**måle** ᵛmoːlə *messen*
o	derselbe Laut gekürzt	**på skrå** po ˈskroː *schräg*
ɔ	kurzes offenes **o** wie in hoffen	**åtte** ᵛɔtə *acht*
øː	etwas offener als **ö** in Söhne	**kjøpe** ᵛçøːpə *kaufen*
œ	kurzes offenes **ö** wie in öffnen	**smør** smœr *Butter*
uː	etwas offener als **u** in Schule	**skole** ᵛskuːlə *Schule*
u	derselbe Laut kurz	**fort** furt *schnell*
ʉː	spitzer als **ü** in Lüge	**sur** sʉːr *sauer*

ʉ	derselbe Laut kurz	**gutt** gʉt *Junge*
yː	langes **ü** wie in Lüge, jedoch offener und mehr nach **i** gesprochen	**ny** nyː *neu*
ʏ	wie das lange [yː], jedoch offener und mehr nach **ö** gesprochen	**lykke** ˅lʏkə *Glück*

B. Diphthonge

əʉ	[ə] + [ʉ]. Das [ə] ist hier betont.	**sau** səʉ *Schaf*
æj	[æ] + [j]	**vei** væj *Weg, Straße*
œj	[œ] + [j]	**høy** hœj *hoch*

C. Konsonanten

b, d, g, h, j, k, l, m, n, p, t werden wie im Deutschen gesprochen; **b, d** und **g** sind auch am Ende des Wortes stimmhaft.

ç	wie **ch** in **ich**, Kirche	**kino** ˈçiːnu *Kino*
g	wie **g** in gut	**gutt** gʉt *Junge*
ŋ	wie **ng** in singen	**lang** laŋ *lang*
r	verschieden, meistens Zungenspitzen-**r** oder Zäpfchen-**r**	**rå** roː *roh*
rd rl rn rs rʃ rt	1. Wenn Zäpfchen-**r**: wie deutsch **r** + **d, l, n, s, sch, t** 2. Wenn Zungenspitzen-**r**: Verschmelzung des **r** mit dem folgenden Konsonanten zu einem retroflexen Laut. Die Zungenspitze wird dabei zurückgezogen: rd = ɖ, rn = ɳ, rt = ʈ, rs = rʃ = ʃ, rl = ɭ.	**ferdig** ˅færdɪ *fertig* **perle** ˅pæːrlə *Perle* **gjerne** ˅jæːrnə *gern* **mars** mars *März* **marsj** marʃ *Marsch* **kort** kɔrt *kurz*
s	immer stimmlos wie **s** in Wasser	**lese** ˅leːsə *lesen*
sp	wie **sp** in lispeln (nicht **schp**)	**spille** ˅spɪlə *spielen*
st	wie **st** in Angst (nicht **scht**)	**stå** stoː *stehen*
ʃ	etwa wie **sch** in schön, aber nicht so „dick"	**skjønn** ʃœn *schön* **ski** ʃiː *Schi*
sl	im Inlaut = **s** + **l**	**Oslo** ˅uslu
	im Anlaut entweder **s** + **l** oder ʃ + **l**	**slå** sloː *od.* ʃloː *schlagen*
v	wie **w** in Wasser	**vi** viː *wir*

Anmerkung: Beim Nachschlagen im norwegisch-deutschen Wörterbuch ist darauf zu achten, daß **æ, ø** und **å** ihren Platz am Ende des Alphabets haben.

ALLGEMEINES

Anreden

Frau Hansen	fru Hansen	frʉː 'hansən
Herr Hansen	herr Hansen	hær 'hansən
Fräulein Hansen	frøken Hansen	'frøːkən 'hansən

Ihre Frau (Gemahlin).
Deres frue.
ᵛdeːrəs frʉːə

Meine Frau.
Min kone.
miːn ᵛkuːnə

Ihr Herr Gemahl.
Deres mann.
ᵛdeːrəs man

Ihr Herr Sohn.
Deres sønn.
ᵛdeːrəs sœn

> *Bei Begrüßungen werden die Anredewörter und Namen äußerst selten benutzt. Man sagt einfach* god dag! [gu'daː(g)].

Wird eine Person mit Titel und Namen angeredet, so steht kein „Herr" davor:

Herr Doktor Hansen ..	Doktor Hansen	'dɔktur 'hansən
Herr Professor Lie	Professor Lie	pru'fɛsur liː

Vor dem Titel als Anrede kann man herr *setzen, aber es klingt manchmal zu förmlich:*

Herr Anwalt	(Herr) advokat	(hær) advu'kaːt
Herr Richter	(Herr) dommer	(hær) ᵛdɔmər
Herr Präsident	(Herr) president	(hær) prɛsɪ'dɛnt
Herr Schaffner	Konduktør	kundʉk'tøːr
Herr Ober!	Kelner!	'kɛlnər

Für „gnädig" gibt es kein gebräuchliches norwegisches Wort:

Gnädige Frau	Frue	ᵛfrʉːə

Briefe

Sehr geehrte gnädige Frau!	Kjære frue!	ᵛçæːrə ᵛfrʉːə
Sehr geehrtes gnädiges Fräulein!	Kjære frøken!	ᵛçæːrə 'frøːkən

Liebe Karin!	Kjære Karin!	ᵛçæ:rə ᵛka:rin
Liebe Frau Hansen!	Kjære fru Hansen!	ᵛçæ:rə frʉ: 'hansən
Liebste!	Kjæreste!	ᵛçæ:rəstə
Lieber Peter!	Kjære Peter!	ᵛçæ:rə 'pe:tər
Lieber Herr Hansen!	Kjære Hansen!	ᵛçæ:rə 'hansən
Mit herzlichen Grüßen! Jan.	Hjertelig hilsen Jan.	ᵛjærtəlı ᵛhılsən ja:n
Hochachtungsvoll! .	Ærbødigst	ær'bø:dıkst

In Geschäftsbriefen oder Briefen an Unbekannte schreibt man den Namen der Firma oder der Person und die Adresse oben links. Dann folgt unmittelbar der Text. Für „sehr geehrte Herren" etc. gibt es also in der norwegischen Sprache keinen entsprechenden Ausdruck.

Begrüßung

Guten Morgen!
God morgen!
gu'mɔrn

Guten Tag!
God dag!
gu'da:(g)

Guten Abend!
God kveld!
gu'kvɛl

Die Begrüßung god morgen!, *und zwar in der verstümmelten Form* [mɔrn] *wird zu jeder Tageszeit benutzt. Unter guten Bekannten sagt man* hei! [hæj] *oder* hallo! [ha'lu:]

Wie geht es Ihnen?
Hvordan står det til?
'vurdan sto:r de'tıl

Danke, gut!
Takk, bare bra!
tak ᵛba:rə bra:

Und Ihnen geht es gut?
Og De har det bra?
o di: ha:r de bra:

Danke, recht gut!
Ja takk, riktig bra!
'jatak ᵛrıktı bra:

Wie geht es Ihrer Familie?
Hvordan står det til med familien?
'vurdan sto:r de'tıl me fa'mi:ljən

Zu Hause ist alles gesund.
Hjemme er de friske, alle sammen.
ᵛjɛmə ær di ᵛfrıskə ᵛalə 'samən

Ich freue mich, Sie wiederzusehen.
Det var hyggelig å se Dem igjen.
de va:r ᵛhʏgəlı o'se: dɛm ı'jɛn

Ich fühle mich nicht recht wohl.
Jeg føler meg ikke helt i orden.
jæj ᵛfø:lər mæj ᵛıkə he:lt i'ɔrdən

Bekanntschaft

Stellen Sie mich bitte *der Dame (dem Herrn)* vor.
Vær så snill å presentere meg for *den damen (den mannen).*
væːr so'snɪl opresaŋ'teːrə mæj fər dɛn ᵛdaːmən (dɛn 'manən)

Darf ich Sie mit Herrn ... bekannt machen?
Får jeg presentere herr ... for Dem?
foːr jæj presaŋ'teːrə hær ... fər dɛm

Gestatten Sie, daß ich mich vorstelle?
Får jeg lov å presentere meg?
foːr jæj 'loːv opresaŋ'teːrə mæj

Sind Sie *Herr (Frau, Fräulein)* ...?
Er De *herr (fru, frøken)* ...?
ær diː hær (frʉː 'frøːkən)

Ja, ich bin es.
Ja, det er meg.
jaː deː ær mæj

Nein, Sie irren sich.
Nei, De tar feil.
næj di taːr 'fæjl

Wie heißen Sie?
Hva heter De?
vaː ᵛheːtər diː

Es freut mich, Ihre Bekanntschaft zu machen.
Jeg er glad for å bli kjent med Dem.
jæj ær glaː fər o bli'çɛnt me 'dɛm

Besuch

Ist Herr Hansen zu Hause?
Er (herr) Hansen hjemme?
æːr (hær) 'hansən ᵛjɛmə

Nein, er ist ausgegangen.
Nei, han er gått ut.
næj han ær gət'ʉːt

Wann wird er zurück sein?
Når er han tilbake?
nər ær han tɪlᵛbaːkə

In einer halben Stunde.
Om en halv time.
əm en hal ᵛtiːmə

Ich werde nochmals vorsprechen.
Jeg kommer igjen senere.
jæj 'kəmər ɪ'jɛn ᵛseːnərə

Wen darf ich melden?
Hvem kan jeg si har vært her?
vɛm kan jæj siː har'vært hæːr

Hier ist meine Visitenkarte.
Her er mitt visittkort.
hæːr ær mɪt vi'sɪtkərt

Herein!
Kom inn!
kəm'ɪn

Mit wem habe ich die Ehre?
Hvem har jeg fornøyelsen å snakke med?
vɛm ha:r jæj fər'nœjəlsən oˇsnakə me

Mein Name ist ...
Mitt navn er ...
mɪt navn æ:r

Es freut mich, Sie zu sehen.
Det gleder meg å se Dem.
de ˇgle:dər mæj o'se: dɛm

Bitte nehmen Sie Platz.
Vær så god å ta plass.
'værso'gu: o ta'plas

Störe ich Sie?
Forstyrrer jeg Dem?
fər'stʏrər jæj dɛm

Im Gegenteil.
Tvert imot.
'tvært ɪ'mu:t

Durchaus nicht.
Langt ifra.
'laŋt ɪ'fra:

Womit kann ich Ihnen dienen?
Hva kan jeg stå til tjeneste med?
va: kan jæj sto: tɪl ˇtje:nəstə me

Darf ich Ihnen etwas anbieten?
Kan jeg by Dem noe?
kan jæj by: dɛm nu:(ə)

Sie sind sehr liebenswürdig.
De er meget elskverdig.
di: ær ˇme:gət ɛlsk'værdɪ

Machen Sie bitte keine Umstände.
Lag ikke noe bry for min skyld.
la:g ˇɪkənu:(ə) bry: fər'mi:nʃʏl

Dieser Brief erklärt Ihnen den Grund meines Besuches.
Dette brevet forklarer Dem hvorfor jeg kommer.
ˇdɛtə 'bre:və fər'kla:rər dɛm 'vurfər jæj 'kɔmər

Ich soll Sie von Herrn ... grüßen.
Jeg skal hilse Dem fra (herr) ...
jæj skal ˇhɪlsə dɛm fra (hær)

Ich bin gekommen, Ihnen mitzuteilen, daß ...
Jeg er kommet for å fortelle Dem at ...
jæj ær ˇkɔmət fər o fər'tɛlə dɛm at

Bitte, Wunsch

Bringen Sie mir bitte ...
Kan De gi meg ...
kan di ji: mæj

Geben Sie mir bitte ...
Vær så snill å gi meg ...
'værso'snɪl o'ji: mæj

Sagen Sie mir bitte ...
Kan De si meg ...
kan di si: mæj

Zeigen Sie mir bitte ...
Kan De vise meg ...
kan di ˇvi:sə mæj

Bitte, wo *ist (sind)* ...?
Unnskyld, hvor er ...?
ˈʉnʃʏl vur æːr

Würden Sie mir einen Gefallen tun?
Kunne De gjøre meg en tjeneste?
ᵛkʉnə di ᵛjøːrə mæj en ᵛtjeːnəstə

Hätten Sie die Freundlichkeit, ... zu ...?
Ville De være så elskverdig å ...?
ᵛvɪlə di ᵛvæːrə so ɛlskˈværdɪ o

Seien Sie bitte so freundlich (und schließen Sie das Fenster).
Vær så vennlig (å lukke vinduet).
ˈvæːrsoᵛvɛnlɪ (oᵛlukə ᵛvɪndʉə)

Gestatten Sie?
Tillater De?
ˈtɪlaːtər di

Ich möchte ... haben.
Jeg ville gjerne ha ...
jæj ᵛvɪlə ᵛjæːrnə haː

Wie Sie wünschen.
Som De ønsker.
səm di ᵛœnskər

Bitte! *hat im Deutschen verschiedene Bedeutungen:*

Aufforderung (Geben Sie mir bitte ...). *Dafür sagt der Norweger* Kan De ..., *z. B.:* Kan De gi meg det? [kan di jiː mæj deː], *wörtlich:* Können Sie mir es (das) geben?

Höflicher: Vær so snill å ... [væːr soˈsnɪl o], *wörtlich:* Seien Sie so gut und ...

Noch höflicher: Vær så vennlig å ... [væːr so ᵛvɛnlɪ o], *wörtlich:* Seien Sie so freundlich / liebenswürdig und ...

Antwort auf Dank (bitte sehr!, o bitte!): Vær så god! [væːr soˈguː], *wörtlich:* Seien Sie so gut.

Antwort auf die Frage: Möchten Sie noch etwas haben? (Ja, bitte!) *heißt:* Ja takk! [ˈjatak].

Entschuldigung (Bitte, wo ist ...?): Unnskyld [ˈʉnʃʏl], *wörtlich:* Entschuldigen Sie!

Frage (Wie bitte? Was sagen Sie?): Hva behager? [vaː beˈhaːgər], *wörtlich:* Wie beliebt?

Wer etwas **haben will,** *sagt:* Vær så snill / vennlig å ...

Wer etwas **gibt, erlaubt, anbietet,** *sagt:* Vær så god!

Danken

Danke!
Takk!
tak

Vielen Dank!
Mange takk!
ᵛmaŋə tak

Danke vielmals!
Tusen takk!
ˈtʉːsən tak

Ich danke Ihnen sehr.
Takk skal De ha!
ˈtak skal di ˈhaː

Sie sind sehr liebenswürdig.
Det er meget elskverdig av Dem.
de ær ᵛmeːgət ɛlskˈværdɪ a dɛm

Ich wäre Ihnen sehr dankbar, wenn Sie ...
Jeg ville være Dem svært takknemlig hvis De ...
jæj ᵛvɪlə ᵛvæːrə dɛm svæːrt takˈnɛmlɪ vɪs di

Ich danke Ihnen herzlich für ...
Hjertelig takk for ...
ᵛjært(ə)lɪ tak fɔr

Danke gleichfalls!
Takk i like måte!
tak i ᵛliːkə ᵛmoːtə

Sie haben mir einen großen *Dienst erwiesen (Gefallen getan)*.
De har gjort meg en stor tjeneste.
di haːr jurt mæj en stuːr ᵛtjeːnəstə

Bitte sehr, keine Ursache!
Ingen årsak!
ᵛɪŋən ᵛoːrsaːk

Gern geschehen!
Ingen ting å takke for!
ᵛɪŋəntɪŋ o ᵛtakə fɔr

Bei der Beendigung einer jeden Mahlzeit dankt man der Hausfrau (der Gastgeberin) für das Essen mit den Worten: Takk for maten! [tak fɔr ˈmaːtən] (= Danke für das Essen!). *Es gilt als unhöflich, diesen Dank zu vergessen. Die Antwort darauf lautet:* Vel bekomme! [ˈvɛl beˈkɔmə] (= Wohl bekomm's!).

Bei der ersten Begegnung nach irgendwelchem (netten) Beisammensein sagt man: Takk for sist! [tak fɔr sɪst] (= „Danke für das letzte Mal!") *oder* Takk for i går [... iˈgoːr] (= ... gestern).

Auch sonst bedankt sich der Norweger sehr häufig, und zwar meistens ganz schlicht mit den Worten: Takk for ...! [tak fɔr] (= Danke für ...!), *z. B.:* Takk for hjelpen [ˈjɛlpən] (Hilfe, Dienst, Gefallen), lånet [ˈloːnə] (Leihen, Darlehen), brevet [ˈbreːvə] (Brief), følget [ᵛfœlə] (Begleitung) *usw.*

Bejahung

Ja.
Ja.
ja:

Sehr gern.
Med glede.
me ᵛgle:də

So ist es.
Det er så.
'de: ær so:

In Ordnung.
I orden.
i 'ɔrdən

Selbstverständlich.
Selvfølgelig.
sɛl'fœlgəlɪ

Entschuldigung

Entschuldigung!
Unnskyld!
'ʉnʃʏl

Verzeihung!
Om forlatelse!
ɔmfɔr'la:təlsə

Entschuldigen Sie bitte!
Unnskyld meg!
'ʉnʃʏl 'mæj

Ich bitte um Entschuldigung.
Jeg må be Dem om unnskyldning.
jæj mo: be: dɛm ɔm 'ʉnʃʏlnɪŋ

Es tut mir sehr leid.
Jeg er svært lei for det.
jæj ær svæ:rt læj fɔr de(:)

Ich hoffe, Sie nehmen es mir nicht übel.
Jeg håper De ikke tar det ille opp.
jæj ᵛho:pər di ᵛɪkə ta:r de ᵛɪlə ɔp

Ich wollte Sie nicht verletzen.
Jeg ville ikke såre Dem.
jæj ᵛvɪlə ᵛɪkə ᵛso:rə dɛm

Ich bin fremd hier.
Jeg er fremmed her.
jæj ær ᵛfrɛməd hæ:r

Ich versichere Ihnen, daß es nicht meine Schuld war.
Jeg kan forsikre Dem det var ikke min feil.
jæj kan fɔr'sɪkrə dɛm de va:r ᵛɪkə mi:n fæjl

Entschuldigen Sie die Belästigung.
Unnskyld bryet!
'ʉnʃʏl 'bry:ə

Bedauern

Schade!
Det var synd!
de: va:r sʏn

Es ist sehr schade, daß ...
Det er veldig synd at ...
de ær ᵛvɛldɪ sʏn at

Ich bedauere sehr, daß ...
Jeg beklager meget at ...
jæj be'kla:gər ᵛme:gət at

Es ist sehr unangenehm.
Det var veldig leit.
de: va:r ᵛvɛldɪ læjt

Das ist schrecklich.
Det er skrekkelig.
de: ær ᵛskrɛkəlɪ

Ablehnung

Nein.
Nei.
næj

Nein, danke.
Nei takk!
'næjtak

Auf keinen Fall.
Ikke tale om!
ᵛɪkə ᵛta:lə ɔm

Das kann ich (leider) nicht.
Det kan jeg ikke (dessverre).
de(:) kan jæj ᵛɪkə (des'værə)

Es ist unmöglich.
Det er umulig.
de: æ:r ʉ'mʉ:lɪ

Beileid, Glückwunsch

Herzliches Beileid!
Min dypeste medfølelse!
mi:n ᵛdy:pəstə 'me:dfø:ləlsə

Herzlichen Glückwunsch!
Hjertelig til lykke!
ᵛjært(ə)lɪ tɪᵛlʏkə

Gute Besserung!
God bedring!
gu: ᵛbe:drɪŋ

Statt **Frohes Fest!** *zu sagen, nennt der Norweger das Fest bei Namen und wünscht daher*

zu Weihnachten:	God jul! [gu: jʉ:l],
zu Ostern:	God påske! [gu: ᵛpo:skə],
zu Pfingsten:	God pinse! [gu: ᵛpɪnsə],
zum neuen Jahr:	Godt nyttår! [gɔt 'nʏto:r],
zum Geburtstag:	Gratulerer med dagen! [gratʉ'le:rər me 'da:gən]

Beschwerden

Wo kann ich mich beschweren?
Hvor kan jeg klage?
vur kan jæj ᵛkla:gə

Ich möchte mich beschweren.
Jeg har en klage (å komme med).
jæj ha:r en ᵛkla:gə (o ᵛkɔmə me)

Sind Sie nicht zufrieden?
Er De ikke fornøyd?
æːr di ᵛɪkə fɔr'nœjd

Beschwerden sind an ... zu richten.
Klager rettes til ...
ᵛklaːgər ᵛrɛtəs tɪl

Abschied

Auf Wiedersehen!
God morgen da!
(gu)'mɔrna

Auf bald!
På gjensyn (da)!
po ᵛjɛnsyːn (da)

Gute Nacht!
God natt (da)!
gu'nat (a)

Servus!
Ha det!
'haːde

Bis morgen!
Ser deg i morgen.
'seːr dæj iᵛmoːrən

Alles Gute!
Ha det godt!
'haːde'gɔt

> **Auf Wiedersehen!** *heißt im allgemeinen* God morgen da! [(gu)'mɔrna]. *Etwas feierlicher klingt* Adjø (da)! [ad'jøː(da)]. *Die Hinzufügung von* da [da] *ist bei jedem Abschiedsgruß möglich und macht den Gruß vertraulicher.*

Ich danke Ihnen für Ihren Besuch.
Takk for besøket.
tak fɔr be'søːkə

Es war mir ein Vergnügen.
Det var meg en fornøyelse.
de vaːr mæj en fɔr'nœjəlsə

Ich muß mich verabschieden.
Jeg må si adjø nå.
jæj mo siː ad'jøː noː

Ich muß jetzt leider gehen.
Jeg må dessverre gå nå.
jæj mo dɛs'værə 'goː no(ː)

Wann sehen wir uns wieder?
Når sees vi igjen?
nɔr ᵛseːəs viː ɪ'jɛn

Ich hoffe Sie morgen wiederzusehen.
Jeg håper jeg ser Dem i morgen.
jæj ᵛhoːpər jæj seːr dɛm iᵛmoːrən

Meine Empfehlung an ...!
Vil De hilse ... fra meg.
vɪl di ᵛhɪlsə ... fraː mæj

Grüßen Sie ... von mir!
Hils ... fra meg!
hɪls ... fraː mæj

Vielen Dank für Ihre Gesellschaft!
Takk for samværet!
tak fɔr ᵛsamvæːrə

Schlafen Sie wohl!
Sov godt!
soːv gɔt

Viel Vergnügen!
God fornøyelse!
guː fɔr'nœjəlsə

Gute Reise!
God tur!
guː tʉːr

Leben Sie wohl!
Ha det bra!
'haːde braː

Anfragen

(Vergleichen Sie auch Fragen auf S. 36, 107.)

Bitte, wo *ist (sind)* ...?
Unnskyld, hvor er ...?
'ʉnʃʏl vur æːr

Wo *bekomme (finde)* ich ...?
Hvor *får (finner)* jeg ...?
vur foːr ('fɪnər) jæj

Wo finde ich ein Auskunftsbüro?
Hvor kan jeg finne et opplysningskontor?
vur kan jæj ᵛfɪnə ɛt ɔp'lyːsnɪŋskuntuːr

Bekommt man hier ...?
Kan man her få ...?
kan man hæːr foː

Können Sie mir ... empfehlen?
Kan De anbefale meg ...?
kan di 'anbefaːlə mæj

Darf man hier ...?
Er det lov å ... her?
æːr de loːv o ... hæːr

Wie gefällt Ihnen ...?
Hvordan liker De ...?
'vurdan 'liːkər di

Was ist das?
Hva er det?
vaː æːr deː

Was bedeutet das?
Hva betyr det?
vaː be'tyːr deː

Wozu dient das?
Hva brukes det til?
vaː ᵛbrʉːkəs deː tɪl

Was ist das für ein Gebäude?
Hva slags bygning er det?
'vaːʃlaks ᵛbʏgnɪŋ æːr deː

Ist das ...?
Er det ...?
æːr de(ː)

Was wünschen Sie?
Hva ønsker De?
vaː ᵛœnskər di(ː)

Wohin gehen Sie?
Hvor går De hen?
vur goːr di hɛn

Woher kommen Sie?
Hvor kommer De fra?
vur 'kɔmər di fraː

Was ist los?
Hva står på?
vaː ᵛstoːrpoː

Warum?
Hvorfor?
'vurfər

Wer ist da?
Hvem er det?
vɛm æːr deː

Verständigung

Sprechen Sie Deutsch?
Taler De tysk?
ᵛtaːlər di tʏsk

Spricht hier jemand Deutsch?
Er det noen som taler tyks her?
æːr de ᵛnuːən səm ᵛtaːlər tʏsk hæːr

Schwedisch
svensk
svɛnsk

Englisch
engelsk
'ɛŋəlsk

Französisch
fransk
fransk

Dänisch
dansk
dansk

Ich spreche etwas Norwegisch.
Jeg taler litt norsk.
jæj ᵛtaːlər lɪt nərsk

Verstehen Sie mich?
Forstår De meg?
fər'stoːr di mæj

Ich verstehe alles.
Jeg forstår alt.
jæj fər'stoːr alt

Ich verstehe nichts.
Jeg forstår ingen ting.
jæj fər'stoːr ᵛɪŋən 'tɪŋ

Sprechen Sie, bitte, etwas langsamer!
Snakk litt saktere, er De snill!
snak lɪt ᵛsaktərə æːr di snɪl

Ich habe nicht verstanden.
Det forstår jeg ikke.
'deː fər'stoːr jæj 'ɪkə

Was heißt ... auf ...?
Hva heter ... på ...?
vaː ᵛheːtər ... po(ː)

Was bedeutet das?
Hva betyr det?
vaː be'tyːr deː

Wie spricht man dieses Wort aus?
Hvordan uttales dette ordet?
'vurdan 'ʉːtaːləs ᵛdɛtə 'uːrə

Spreche ich richtig?
Snakker jeg riktig?
ᵛsnakər jæj ᵛrɪktɪ

Schreiben Sie das bitte auf!
Kan De skrive det (opp)?
kan di ᵛskriːvə de (əp)

Wiederholen Sie das bitte!
Vær snill å gjenta det!
væːr'snɪl o'jɛntaː de

Verbessern Sie mich bitte, wenn ich Fehler mache.
Vær så snill å rette på meg hvis jeg gjør feil.
væːrso'snɪl oᵛrɛtə po mæj vɪs jæj jøːr fæjl.

Wetter und Naturerscheinungen

Wie ist das Wetter?
Hvordan er været?
'vurdan ær 'væːrə

Wird sich das Wetter halten?
Kommer været til å holde seg?
'kɔmər 'væːrə tɪl oᵛhɔlə sæj

Was meldet der Rundfunk?
Hva sier de i radioen?
vaː ᵛsiːər di i 'raːdjun

Das Wetter wird sich ändern.
Det blir omslag i været.
de bliːr ᵛɔmslaːg i 'væːrə

Der Wetterbericht meldet *gutes (schlechtes)* Wetter.
Det er meldt *pent (dårlig)* vær.
də ær mɛlt 'peːnt (ᵛdoːrlɪ) væːr

Das Barometer *fällt (steigt)*.
Barometeret *faller (stiger)*.
baru'meːt(ə)rə 'falər ('stiːgər)

Das Wetter wird (wieder) schön.
Det blir pent vær (igjen).
de bliːr peːnt væːr (ɪ'jɛn)

Die Sonne scheint.
Sola skinner.
'suːla 'ʃɪnər

Die Sonne brennt.
Sola brenner.
'suːla 'brɛnər

Es ist heiß.
Det er varmt.
de ær varmt

Es herrscht dichter Nebel.
Det er tett tåke.
də ær tɛt ᵛtoːkə

Der Nebel lichtet sich.
Tåka letner.
ᵛtoːka ᵛlɛtnər

Es regnet.
Det regner.
de ᵛræjnər

Es sieht nach Regen aus.
Det ser ut til å bli regn.
de seːr ʉːt tɪl o'bliː ræjn

Es tröpfelt schon.
Det drypper så smått.
de ᵛdrʏpər so smɔt

Es *gießt (regnet)* in Strömen.
Regnet *fosser ned (høljer)*.
'ræjnə ᵛfɔsər neː (ᵛhœljər)

Der Regen fängt an nachzulassen.
Regnet begynner å gi seg.
'ræjnə be'jʏnər o'jiː sæj

Es hat aufgehört zu regnen.
Det har sluttet å regne.
de haːr ᵛslʉtət oᵛræjnə

Das Wetter klärt sich auf.
Det klarner opp.
de ᵛklaːrnər ɔp

Der Himmel ist klar.
Himmelen er klar.
ᵛhɪmlən ær klaːr

Was haben wir für Wind?
Hvordan er vinden?
'vurdan ær 'vɪnən

Es ist windig.
Det blåser.
de ᵛbloːsər

Der Wind hat sich *gelegt (gedreht)*.
Vinden har *lagt* seg *(snudd)*.
'vɪnen ha:r 'lakt sei ('snʉd)

Der Wind heult.
Vinden uler.
'vɪnən ᵛʉ:lər

Es sieht nach Sturm aus.
Det ser ut til å bli storm.
de se:r ʉ:t tɪl o bli: stɔrm

Es gibt Sturm.
Det blir storm.
de bli:r stɔrm

Es blitzt.
Det lyner.
de ᵛly:nər

Wir werden ein Gewitter bekommen.
Vi får uvær.
vi fo:r ᵛʉ:væ:r

Der Blitz hat eingeschlagen.
Lynet har slått ned.
'ly:nə ha:r slɔt 'ne:

Es donnert.
Det tordner.
de ᵛturdnər

Es ist kalt.
Det er kaldt.
de ær 'kalt

Mir ist kalt.
Jeg fryser.
jæj 'fry:sər

Es wird schneien.
Det blir snø.
de bli:r snø:

Es schneit.
Det snør.
de snø:r

Es friert.
Det fryser (på).
de 'fry:sər (po:)

Es hagelt.
Det hagler.
de ᵛhaglər

Es taut.
Det tiner.
de ᵛti:nər

Es ist glatt.
Det er glatt.
de ær glat

Wird der Verkehr durch Schnee behindert?
Er trafikken hindret av snø?
æ(:)r tra'fɪkən ᵛhɪndrət a(v) snø:

Es ist Vollmond.
Det er fullmåne.
de ær ᵛfʉlmo:nə

Der Mond scheint.
Månen skinner.
ᵛmo:nən 'ʃɪnər

Wieviel Grad haben wir?
Hvor mange grader er det?
vur ᵛmaŋə ᵛgra:dər ær de

Das Thermometer zeigt fünf Grad *über (unter)* Null.
Termometret viser *fem grader (fem grader minus)*.
tærmu'me:trə ᵛvi:sər fɛm ᵛgra:dər (fɛm ᵛgra:dər 'mi:nʉs)

Abenddämmerung ..	skumring, -en	ᵛskumrɪŋ
Abendröte	aftenrødme, -n	ᵛaftənrœdmə
bewölkt...........	skyet	ᵛʃy:ət

Eis	is, -en	iːs
Erdbeben	jordskjelv, -et, -	ˇjuːrʃɛlv
feucht	fuktig	ˇfuktɪ
Frost	frost, -en	frɔst
Hagel	hagl, -et, -	ˈhag(ə)l
Hitze	hete, -n	ˇheːtə
Hoch	høytrykk, -et, -	ˇhœjtrʏk
Klima	klima, -et, -er	ˈkliːma
Luft	luft, -a	lʉft
Luftdruck	lufttrykk, -et, -	ˈlʉftrʏk
Mitternachtssonne ..	midnattsol, -a, -er	ˈmɪdnatsuːl
Mond	måne, -n, -r	ˇmoːnə
– Neumond	nymåne, -n, -r	ˇnyːmoːnə
Morgengrauen	grålysning, -en	ˇgroːlyːsnɪŋ
Nebel	tåke, -n	ˇtoːkə
Niederschläge	nedbør, -en	ˇneː(d)bøːr
Polarkreis	polarsirkel, -en, -ler	puˈlaːrsɪrkəl
Regen	regn, -et	ræjn
Schnee	snø, -en	snøː
Schneesturm	snøstorm, -en, -er	ˇsnøːstɔrm
schwül	lummert	ˈlumərt
Sonne	sol, -a, -er	suːl
Sonnenaufgang	soloppgang, -en, -er	ˇsuːlɔpgaŋ
Sonnenuntergang ..	solnedgang, -en, -er	ˇsuːlneː(d)gaŋ
Stern	stjerne, -n, -er	ˇstjæːrnə
Sturm	storm, -en, -er	stɔrm
Tau	dogg, -en	dɔg
Tauwetter	tinevær, -et	ˇtiːnəvæːr
Tief	lavtrykk, -et, -	ˇlaːvtrʏk
Wetter	vær, -et	væːr
Wetterbericht	værmelding, -a, -er	ˇvæːrmɛlɪŋ
Wettervoraussage ..	værvarsel, -let, -ler	ˇvæːrvarsəl
Wind	vind, -en, -er	vɪn
– Nordwind	nordavind, -en	ˇnuːravɪn
– Ostwind	østavind, -en	ˇœstavɪn
– Südwind	sønnavind, -en	ˇsœnavɪn
– Westwind	vestavind, -en	ˇvɛstavɪn
Wolke	sky, -en, -er	ʃyː
– Regenwolke	regnsky, -en, -er	ˇræjnʃyː
Wolkenbruch	skybrudd, -et, -	ˇʃyːbrʉd

Zahlen

Grundzahlen

0	null	nʉl	21	tjueen	çʉː(ə)'eːn
1	en, ett.....	eːn, ɛt	22	tjueto	çʉː(ə)'tuː
2	to	tuː	23	tjuetre....	çʉː(ə)'treː
3	tre	treː	24	tjuefire ...	çʉː(ə)ᵛfiːrə
4	fire	ᵛfiːrə	25	tjuefem...	çʉː(ə)'fɛm
5	fem	fɛm	26	tjueseks ..	çʉː(ə)'sɛks
6	seks	sɛks	27	tjuesju....	çʉː(ə)'ʃʉː
7	sju (syv) ...	ʃʉː (syːv)	28	tjueåtte ..	çʉː(ə)ᵛɔtə
8	åtte	ᵛɔtə	29	tjueni	çʉː(ə)'niː
9	ni	niː	30	tretti	'trɛtɪ
10	ti	tiː		(tredve)...	(ᵛtrædvə)
11	elleve	ᵛɛl(ə)və	40	førti	'fœrtɪ
12	tolv	tɔl			
13	tretten	ᵛtrɛtən	50	femti	'fɛmtɪ
14	fjorten	ᵛfjurtən	60	seksti	'sɛkstɪ
15	femten	ᵛfɛmtən	70	sytti	'sœtɪ
16	seksten	ᵛsæjstən	80	åtti	'ɔtɪ
17	sytten	ᵛsœtən	90	nitti......	'nɪtɪ
18	atten	ᵛatən	100	hundre ...	ᵛhʉndrə
19	nitten	ᵛnɪtən	200	to hundre.	'tuː ᵛhʉndrə
20	tjue	ᵛçʉːə	1000	tusen.....	'tʉːsən
	(tyve)	(ᵛtyːvə)	2000	to tusen ..	'tuː 'tʉːsən

Man beachte den Unterschied zwischen Zahlwort und Artikel:

Zahlwort:	*Unbestimmter Artikel:*
ein Mann (*nicht* zwei Männer) én mann, en mann	ein **Mann** (*nicht* eine Frau) en mann
ein Haus (*nicht* zwei Häuser) ett hus	ein **Haus** (*nicht* eine Hütte) et hus

Ordnungszahlen

1.	første......	ᵛfœrstə	6.	sjette	ᵛʃɛtə
2.	andre......	ᵛandrə	7.	sjuende	'ʃʉːənə
	(annen) ...	(ᵛaːən, ᵛanən)		(syvende) ..	('syːvənə)
3.	tredje......	ᵛtre(ː)djə	8.	åttende	'ɔtənə
4.	fjerde......	ᵛfjæːrə	9.	niende	'niː(ə)nə
5.	femte	ᵛfɛmtə	10.	tiende	'tiː(ə)nə

11.	ellevte	ᵛɛləftə
12.	tolvte	ᵛtɔltə
13.	trettende ..	ᵛtrɛtənə
14.	fjortende ..	ᵛfjurtənə
15.	femtende ..	ᵛfɛmtənə
16.	sekstende .	ᵛsæjstənə
17.	syttende ..	ᵛsœtənə
18.	attende ...	ᵛatənə
19.	nittende...	ᵛnɪtənə
20.	tjuende ...	ᵛçʉːənə
	(tyvende)..	(ᵛtyːvənə)

21.	tjueførste	çʉː(ə)ᵛfœrstə
22.	tjueandre	çʉː(ə)ᵛandrə
23.	tjuetredje	çʉː(ə)'tre(ː)djə
24.	tjuefjerde	çʉː(ə)'fjæːrə
25.	tjuefemte	çʉː(ə)ᵛfɛmtə
26.	tjuesjette	çʉː(ə)ᵛʃɛtə
27.	tjuesjuende	çʉː(ə)'ʃʉːənə
28.	tjueåttende	çʉː(ə)'ɔtənə
29.	tjueniende	çʉː(ə)'niː(ə)nə
30.	trettiende	'trətɪənə
	(tredevte)	ᵛtrædəftə
40.	førtiende	'fœrtɪənə
50.	femtiende	'fɛmtɪənə
60.	sekstiende	'sɛkstɪənə
70.	syttiende	'sœtɪənə
80.	åttiende	'ɔtɪənə
90.	nittiende	'nɪtɪənə
100.	hundrede	ᵛhʉndrədə
200.	to hundrede	'tuːᵛhʉndrədə
1 000.	tusende	'tʉːsənə
2 000.	to tusende	'tuː'tʉːsənə
10 000.	ti tusende	'tiː'tʉːsənə

Die in Klammern gesetzten Zahlen sind ältere Wortformen, die noch immer in vollem Gebrauch sind.
Für die Zahlen 21—99 gelten offiziell die hier angegebenen Bezeichnungen. In der Praxis jedoch dominiert das ältere („deutsche") System:

21	enogtyve	'eːnɔᵛtyːvə
22	toogtyve	'tuːɔᵛtyːvə
23	treogtyve	'treːɔᵛtyːvə
21.	enogtyvende	'eːnɔᵛtyːvənə
22.	toogtyvende	'tuːɔᵛtyːvənə
23.	treogtyvende	'treːɔᵛtyːvənə

Uhrzeit

Wieviel Uhr ist es?
Hvor mye er klokka?
vur ᵛmyːə ær ᵛklɔka

Es ist 1 Uhr.
Klokka er ett.
ᵛklɔka ær 'ɛt

Es ist ungefähr 2 Uhr.
Klokka er omtrent to.
ᵛklɔka ær ɔm'trɛnt tuː

Es ist genau 3 Uhr.
Klokka er nøyaktig tre.
ᵛklɔka ær nœj'aktɪ treː

Es ist 5 Minuten nach 4.
Klokka er fem over fire.
ᵛklɔka ær fɛm ᵛoːvər ᵛfiːrə

Es ist ein Viertel nach 5.
Klokka er kvart over fem.
ᵛklɔka ær kvart ᵛoːvər fɛm

Es ist *halb 7 (6 Uhr 30)*.
Klokka er *halv sju (seks tretti)*.
ᵛklɔka ær hal ʃʉː (sɛks 'trɛtɪ)

Es ist dreiviertel 7.
Klokka er kvart på sju.
ᵛklɔka ær kvart po ʃʉː

Es ist 10 Minuten vor 8.
Klokka er ti på åtte.
ᵛklɔka ær tiː po ᵛɔtə

Es geht auf Mitternacht.
Det nærmer seg midnatt.
de ᵛnærmər sæj 'mɪdnat

Nach meiner Uhr ist es genau halb 10.
Min klokke er nøyaktig halv ti.
miːn ᵛklɔkə ær nœj'aktɪ hal tiː

Um wieviel Uhr?
Når?
nɔr

Um 10 Uhr.
Klokka ti.
ᵛklɔka tiː

Pünktlich um 11.
Klokka elleve presis.
ᵛklɔka ᵛɛl(ə)və pre'siːs

Gegen Mittag
Ved tolvtida.
ve 'tɔltiːa

Von 4 bis 5.
Fra fire til fem.
fra ᵛfiːrə tɪl fɛm

Zwischen 5 und 6.
Mellom fem og seks.
'mɛlɔm fɛm ɔ sɛks

Um 20 Uhr 43.
Klokka tjue førtitre.
ᵛklɔka ᵛçʉːə fœrtɪ'treː

Um 5 Uhr nachmittags.
Klokka fem om ettermiddagen.
ᵛklɔka fɛm ɔm ᵛɛtərmɪdaː(gə)n

Um 7 Uhr abends.
Klokka sju om kvelden.
ᵛklɔka ʃʉː ɔm 'kvɛlən

Kurz nach 9 Uhr.
Litt etter klokka ni.
lɪt ᵛɛtər ᵛkləka niː

In einer halben Stunde.
Om en halv time.
əm en hal ᵛtiːmə

Es ist spät.
Det er sent.
de ær seːnt

Es ist zu spät.
Det er for sent.
de ær fər'seːnt

Es ist früh.
Det er tidlig.
de ær ᵛtiːlɪ

Es ist noch zu früh.
Det er for tidlig ennå.
de ær fər ᵛtiːlɪ ᵛɛnoː

Nicht vor 7.
Ikke før sju.
ᵛɪkə føːr ʃʉː

Geht Ihre Uhr richtig?
Går klokka Deres riktig?
goːr ᵛkləka ᵛdeːrəs ᵛrɪktɪ

Sie geht vor.
Den går for fort.
dɛn goːr fər'furt

Sie geht nach.
Den går for sakte.
dɛn goːr fər'saktə

Tageszeit

Am Tage.
Om dagen.
əm 'daːgən

Morgens.
Om morgenen.
əm ᵛmoːrənən

Vormittags.
Om formiddagen.
əm ᵛfərmɪdaːgən

Mittags.
Midt på dagen.
'mɪt po 'daːgən

Nachmittags.
Om ettermiddagen.
əm ᵛɛtərmɪdaːgən

Abends.
Om kvelden.
əm 'kvɛlən

Nachts.
Om natta.
əm 'nata

Um Mitternacht
Midt på natta.
'mɪt po 'nata

Täglich.
Daglig.
ᵛdaːglɪ

Heute *morgen (abend, nacht).*
I *dag morges (kveld, natt).*
i da(ːg) ᵛmərəs ('kvɛl, 'nat)

Vorgestern.
I forgårs.
i'fərgoːrs

Gestern.
I går.
i'goːr

Gestern *vormittag (abend).*
I går *formiddag (kveld).*
i'goːr ᵛfərmɪdaːg ('kvɛl)

Übermorgen.
I overmorgen.
i'oːvərmoːrən

Morgen.
I morgen.
iᵛmoːrən

Morgen *früh (nachmittag).*
I morgen *tidlig (ettermiddag).*
iᵛmoːrən 'tiːlɪ (ᵛɛtərmɪdaːg)

Wochentage

Montag	mandag, -en, -er	'manda:(g)
Dienstag	tirsdag, -en, -er	'ti:rsda:(g)
Mittwoch	onsdag, -en, -er	'unsda:(g)
Donnerstag	torsdag, -en, -er	'to:rsda:(g)
Freitag	fredag, -en, -er	'fre:da:(g)
Sonnabend	lørdag, -en, -er	'lø:rda:(g)
Sonntag	søndag, -en, -er	'sœnda:(g)

Monate

Januar	januar	janʉ'a:r
Februar	februar	febrʉ'a:r
März	mars	mars
April	april	ap'ri:l
Mai..............	mai	maj ('ma:ɪ)
Juni	juni	'jʉ:nɪ
Juli	juli	'jʉ:lɪ
August	august	əʉ'gʉst
September	september	sep'tɛmbər
Oktober	oktober	ɔk'to:bər
November.........	november	nu'vɛmbər
Dezember	desember	de'sɛmbər

Jahreszeiten

Frühling	vår, -en	vo:r
Sommer	sommer, -en	ᵛsɔmər
Herbst	høst, -en	hœst
Winter	vinter, -en	'vɪntər

Feiertage

Gründonnerstag ...	skjærtorsdag	ᵛʃæ:rto:rsda:g
Himmelfahrt	Kristi Himmelfartsdag	'krɪstɪ ᵛhɪməlfartsda:g
Karfreitag	langfredag	ᵛlaŋfre:da:g
Mittsommernachtsfest	sankthansaften = jonsok	ᵛsaŋkthansaftən 'ju:nsɔk

Nationalfeiertag ...	nasjonaldag	naʃu'naːldaːg
Ostern	påske, -n	ᵛpoːskə
Pfingsten	pinse, -n	ᵛpɪnsə
Weihnachten	jul, -a	jʉːl

Datum

Den wievielten haben wir heute?
Hvilken dato er det i dag?
ᵛvɪlkən 'daːtu æːr de i'daːg

Heute ist der 2.
I dag er det den andre (annen).
i'daːg æːr de dən ᵛandrə (ᵛaːən)

Der 1. Februar.
1. februar.
ᵛfœrstə febrʉ'aːr

Am 14. März.
Den 14. mars.
dən ᵛfjurtənə mars

Am 21. Juli 1968.
Den 21. juli 1968.
dən çʉː(ə)ᵛfœrstə 'jʉːlɪ ᵛnɪtən(ᵛhʉndrə ɔ)'sɛkstɪᵛɔtə

Am 3. *dieses (nächsten)* Monats.
Den 3. i *denne (neste)* måned.
dən ᵛtreːdjə i ᵛdɛnə (ᵛnɛstə) ᵛmoːnəd

Ich werde am 4. Juli abreisen.
Jeg reiser 4. juli.
jæj ᵛræjsər ᵛfjæːrə 'jʉːlɪ

Am 2. März dieses Jahres.
(Den) 2. mars i år.
(dən) ᵛandrə mars i'oːr

Andere Zeitangaben

Vierteljahr.
Kvartal, -et, -
kvar'taːl

***Voriges (Nächstes)* Jahr.**
I fjor (neste år).
i'fjuːr (ᵛnɛstə oːr)

In zwei Jahren.
Om to år.
ɔm tuː oːr

Zwei Jahre lang.
To år.
tuː oːr

Seit einem Jahr.
I ett år.
i ɛt oːr

Vor einem Jahr.
For ett år siden.
fɔr ɛt oːr 'siːdən

In einem Monat.
Om en måned.
ɔm en ᵛmoːnəd

In einer Woche.
Om en uke.
ɔm en ᵛʉːkə

Zwei Wochen.
To uker.
tuː ᵛʉːkər

Bald.
Snart.
snaːrt

Vor kurzem.
For kort tid siden.
fɔr kɔrt tiːd 'siːdən

Neulich.
Nylig.
ᵛnyːlɪ

Bis ...
Inntil ...
'ɪntɪl

Alter

Wie alt sind Sie?
Hvor gammel er De?
vur ˇgaməl æːr di(ː)

Wie alt bist du?
Hvor gammel er du?
vur ˇgaməl æːr dʉ(ː)

Für wie alt halten Sie mich?
Hvor gammel tror De jeg er?
vur ˇgaməl truːr di jæj æːr

Wie alt ist Ihr Sohn?
Hvor gammel er Deres sønn?
vur ˇgaməl æːr ˇdeːrəs sœn

In welchem Jahr ist Ihre Tochter geboren?
Hvilket år er Deres datter født?
ˇvɪlkət oːr ær ˇdeːrəs ˇdatər fœt

Würden Sie mir bitte Ihr Geburtsdatum sagen?
Vær så snill å oppgi Deres fødselsdato!
væːrsoˈsnɪl oˈɔpjiː ˇdeːrəs ˈfœtsəlsdaːtu

Ich bin 20 Jahre alt.
Jeg er 20 år (gammel).
jæj æːr ˇçʉːə oːr (ˈgaməl)

Ich bin beinahe 25 Jahre alt.
Jeg er nesten 25 år (gammel).
jæj æːr ˇnɛstən çʉː(ə)ˈfɛm oːr (ˈgaməl)

Ich bin über 18 Jahre alt.
Jeg er over 18 år (gammel).
jæj æːr ˈoːvər ˇatən oːr (ˈgaməl)

Er ist so alt wie ich.
Han er så gammel som meg.
han æːr so ˇgaməl səm mæj

Man hält ihn für älter.
Han går for å være eldre.
han ˈgoːr fər oˇvæːrə ˈɛldrə

Er ist zwei Jahre jünger.
Han er to år yngre.
han æːr tuː oːr ˈʏŋrə

Sie ist älter, als sie scheint.
Hun er eldre enn hun ser ut til.
hʉn æːr ˈɛldrə ɛn hʉn seːr ˈʉːt tɪl

Sie sieht jünger aus.
Hun ser yngre ut.
hʉn seːr ˈʏŋrə ʉːt

Man sieht ihm sein Alter nicht an.
Man kan ikke se på ham hvor gammel han er.
man kan ˇɪkə seː poː ham vur ˇgaməl han æːr

In meinem Alter.
I min alder.
i ˈmiːn ˈaldər

Junge	gutt, -en, -er	gʉt
Junger Mann (Herr)	ung mann	uŋ man
Jüngling	ung gutt	uŋ gʉt
Mädchen	pike, -n, -r	ˇpiːkə
Junges Mädchen ..	ung *pike (jente)*	uŋ ˇpiːkə (ˇjɛntə)
Familie	familie, -n, -r	faˈmiːljə

Maße und Gewichte

1 Millimeter	en millimeter	eːn ˈmɪlɪmeːtər
1 Zentimeter	en centimeter	eːn ˈsɛntɪmeːtər
1 Dezimeter	en desimeter	eːn ˈdeːsɪmeːtər
1 Meter	en meter	eːn ˈmeːtər
1 Kilometer	en kilometer	eːn ˈçilumeːtər
1 Zoll	en tomme	eːn ˇtɔmə
1 Fuß	en fot	eːn fuːt
1 Meile (= 10 km).	en mil	eːn miːl
1 Seemeile	en sjømil	eːn ˇʃøːmiːl
1 Quadratmeter....	en kvadratmeter	eːn kvaˈdraːtmeːtər
1 Quadratkilometer	en kvadratkilometer	eːn kvaˈdraːtçilu-meːtər
1 Kubikmeter......	en kubikkmeter	eːn kʉˈbɪkmeːtər
1 Liter	en liter	eːn ˈliːtər
½ Liter	en halvliter	eːn ˇhaliːtər
¼ Liter	en kvart liter	eːn kvart ˈliːtər
1 Gramm	ett gram	ɛt gram
100 Gramm	en (ett) hekto	eːn (ɛt) ˈhɛktu
1 Pfund	en halvkilo (ett pund)	eːn ˇhalçiːlu (ɛt pʉn)
1 Kilogramm	en (ett) kilo	eːn (ɛt) ˈçiːlu
1 Doppelzentner ...	hundre kilo	ˇhʉndrə ˈçiːlu
1 Tonne	ett tonn	ɛt tɔn
1 Stück	et stykke, en (ett)	ɛt ˇstʏkə, eːn (ɛt)
1 Teil	en del	eːn deːl
1 Paar	ett par	ɛt pa(ː)r
1 Dutzend	ett dusin	ɛt dʉˈsiːn
1 Portion	en porsjon	eːn purˈʃuːn
1 Packung	en pakke	eːn ˇpakə
1 Sack	en sekk	eːn sɛk

Bekanntmachungen und Warnungen

ADGANG FORBUDT	**Kein Zutritt!**
BADING FORBUDT............	**Baden verboten**
BILLETTER	**Eintrittskarten; Fahrkarten**
DAMER / HERRER	**Damen / Herren**
DROSJER	**Taxi(haltestelle)**

2. ETASJE / 3. ETASJE	**1. Stock / 2. Stock**
FULLT	**Voll; besetzt**
GJENNOMGANG FORBUDT	**Durchgang verboten**
HEIS	**Fahrstuhl**
HENVENDELSE	**Anfrage**
INGEN AVSTIGNING	**Kein Ausstieg**
INN	**Ein**
INNGANG BAK (FORAN)	**Eingang hinten (vorne)**
KONTORTID	**Sprechstunde**
LEGEVAKT	**Unfallstation**
LIVBÅTER	**Rettungsboote**
LIVSFARE	**Lebensgefahr**
LUKK!	**Bitte schließen!**
NØDUTGANG	**Notausgang**
OPPLYSNINGER	**Auskünfte**
OPPTATT	**Besetzt**
REDNINGSVESTER	**Rettungswesten**
ROM TIL LEIE	**Zimmer frei**
RØKNING FORBUDT	**Rauchen verboten**
SALG (UTSALG)	**Ausverkauf**
SKILØYPE	**Schiwanderweg kreuzt**
SKYV!	**Stoßen!**
STENGT	**Geschlossen**
STOPPESTED	**Haltestelle**
TAL HER!	**Hier sprechen!**
TIL BILDEKKET	**Zum Autodeck**
TIL LEIE	**Zu vermieten**
TURVEI	**Wanderweg**
UT	**Aus**
UTGANG BAK (FORAN)	**Ausgang hinten (vorn)**
UTSOLGT	**Ausverkauft**
VENTEVÆRELSE	**Wartezimmer, Wartesaal**
ÅPEN	**Geöffnet**

Abkürzungen

ang.	angående	**betreffs, bezüglich**
ank.	ankomst	**Ankunft**
A/S	aksjeselskap	**Aktiengesellschaft**

avg.	avgang	**Abfahrt**
bl.a.	blant annet	**unter anderem**
ca.	cirka	**zirka, etwa**
D.N.T.	Den norske turistforening	**Norweg. Touristenverein**
dvs.	det vil si	**das heißt**
eftf.	efterfølger	**Nachfolger**
f.eks.	for eksempel	**zum Beispiel**
fhv.	forhenværende	**ehemalig, im Ruhestand**
FN	De forente nasjoner	**die Vereinten Nationen**
frk.	frøken	**Fräulein**
gt.	gate	**Straße**
inkl.	inklusive	**einschließlich**
KFUK	Kristelig Forening for Unge Kvinner	**Christlicher Verein Junger Frauen**
KFUM	Kristelig Forening for Unge Menn	**Christlicher Verein Junger Männer**
kl.	klasse; klokka	**Klasse; Uhr**
kr	krone(r)	**Krone(n)**
KNA	Kongelig Norsk Automobil-klubb	**Kgl. Norw. Automobilclub**
mnd.	måned	**Monat**
m.o.h.	meter over havet	**Meter ü. d. Meeresspiegel**
NAF	Norges automobilforbund	**Norw. Automobilverband**
NSB	Norges Statsbaner	**Norw. staatliche Eisenbahngesellschaft**
NUH	Norges ungdomsherberger	**Norw. Jugendherbergen**
obs!	(observer!) merk!	**merke!**
osv.	og så videre	**und so weiter**
p.g.a.	på grunn av	**wegen**
rek.	rekommandert	**Einschreiben**
SAFE	South America and Far East Transport	***(Private) norw. Luftfahrtgesellschaft***
SAS	Scandinavian Airlines System	**Skandinavische Luftfahrtgesellschaft**
t.h.	til høyre	**rechts**
tlf.	telefon	**Telefon**
t.o.m.	til og med	**bis einschließlich**
t.v.	til venstre	**links**
TV	(televisjon) fjernsyn	**Fernsehen**
vedr.	vedrørende	**betreffs, bezüglich**

MIT AUTO, MOTORRAD UND FAHRRAD

Fragen nach dem Weg

Welches ist der nächste Weg nach ...?
Hva er nærmeste vei til ...?
vaː ær ᵛnærməstə væj tɪl

Gibt es eine *bessere (kürzere)* Straße?
Finnes det en *bedre (kortere)* vei?
fɪn(ə)s de en ˈbeːdrə (ᵛkɔrtərə) væj

Ist die Straße nach ... gut befahrbar?
Er veien til ... god?
ær ˈvæjən tɪl ... guː

Ist sie schön?
Er den pen?
ær dən ˈpeːn

***Steigt (Fällt)* die Straße sehr *an (ab)*?**
Er veien *veldig (bratt)*?
ær ˈvæjən ᵛvɛldɪ (brat)

In welche Richtung muß ich *gehen (fahren)*?
I hvilken retning må jeg *gå (kjøre)*?
i ᵛvɪlkən ᵛrɛtnɪŋ mo jæj goː (ᵛçøːrə)

Muß ich geradeaus *gehen (fahren)*?
Skal jeg *gå (kjøre)* rett fram?
skal jæj goː (ᵛçøːrə) rɛt fram

Muß ich nach *rechts (links)* abbiegen?
Må jeg ta til *høyre (venstre)*?
mo jæj taː tɪl ˈhœjrə (ˈvɛnstrə)

Wie weit ist es von hier nach ...?
Hvor langt er det herfra til ...?
vur laŋt ær de ˈhærfra tɪl

Wieviel Kilometer?
Hvor mange kilometer?
vur ᵛmaŋə ˈçilumeːtər

Wieviel Kilometer sind es bis zur nächsten Stadt?
Hvor mange kilometer er det til nærmeste by?
vur ᵛmaŋə ˈçilumeːtər ær de tɪl ᵛnærməstə byː

Könnten Sie mir bitte die Straße auf der Karte zeigen?
Kunne De være så snill å vise meg veien på kartet?
ᵛkʉnə di ᵛvæːrə soˈsnɪl oᵛviːsə mæj ˈvæjən po ˈkartə

Könnten Sie mir bitte sagen, wie ich nach ... komme?
Kunne De si meg hvordan jeg kommer til ...?
ᵛkʉnə di siː mæj ˈvurdan jæj ˈkɔmər tɪl

Fahrzeuge

Auto	bil, -en, -er	biːl
– Lastauto	lastebil	ᵛlastəbiːl
– Personenauto	personbil	pær'suːnbiːl
Autobus, Omnibus	buss, -en, -er	bʉs
– Kleinbus	småbuss	ᵛsmoːbʉs
Fahrrad	sykkel, -kkelen, -kler	'sʏkəl
Motorrad	motorsykkel	'mu(ː)tursʏkəl
Motorroller	scooter, -en, -e	'skʉːtər
Pferdewagen	hest og vogn	hɛst o vɔŋn

Fahren

Auto fahren.
kjøre bil, bile.
ᵛçøːrə'biːl, ᵛbiːlə

Mit dem Auto fahren.
kjøre med bil.
ᵛçøːrə me biːl

Ein Auto *fahren (lenken)*.
kjøre (styre) en bil.
ᵛçøːrə (ᵛstyːrə) en biːl

***Langsam (Schnell)* fahren.**
kjøre *fort (sakte)*.
ᵛçøːrə furt (ᵛsaktə)

anhalten	stoppe, stanse	ᵛstɔpə, ᵛstansə
aussteigen	gå av, stige av	goː'aː(v), ᵛstiːgə'aː(v)
ausweichen	vike	ᵛviːkə
bremsen	bremse	ᵛbrɛmsə
einsteigen	gå på, stige på	goː'poː, ᵛstiːgə'poː
radfahren	sykle	ᵛsʏklə
überholen	kjøre forbi	ᵛçøːrə fər'biː
umschalten	gire	ᵛgiːrə
vorbeifahren	kjøre forbi, passere	ᵛçøːrə fər'biː, pa-'seːrə
weiterfahren	kjøre videre	ᵛçøːrə ᵛviːd(ə)rə
wenden	vende, snu	ᵛvɛnə, snʉː

Ampel	trafikklys, -et, -	tra'fɪklyːs
Parkuhr	parkometer, -et, -e	parkumeːtər
Verkehrspolizist	trafikkonstabel, -elen, -ler	tra'fɪkunstaːbəl

Tankstelle

Wo ist die nächste Tankstelle?
Hvor er nærmeste bensinstasjon?
vur ær ˇnærməstə bɛn'siːnstaʃuːn

Ist hier in der Nähe eine Tankstelle?
Er det en bensinstasjon her i nærheten?
æ(ː)r de en bɛn'siːnstaʃuːn hæːr i 'næːrheːtən

Wie weit ist es von hier bis zur nächsten Tankstelle?
Hvor langt er det herfra til nærmeste bensinstasjon?
vur laŋt ær de 'hærfraː tɪl ˇnærməstə bɛn'siːnstaʃuːn

Benzin

Ich möchte tanken.
Jeg ville gjerne få fylt på bensin.
jæj ˇvɪlə ˇjæːrnə fo ˇfʏltpo bɛn'siːn

Wieviel Liter wollen Sie?
Hvor mange liter vil De ha?
vur ˇmaŋə 'liːtər vɪl di haː

Wollen Sie Normalbenzin oder Super?
Vil De ha vanlig bensin eller super?
vɪl di haː ˇvaːnlɪ bɛn'siːn 'ɛlər 'sʉːpər

Geben Sie mir bitte 20 Liter *Super (Dieselkraftstoff)*.
Får jeg 20 liter *super (diesel)*, takk.
foːr jæj ˇçʉːə 'liːtər 'sʉːpər ('diːsəl) tak

Machen Sie den Tank bitte voll.
Vær snill å fylle tanken.
væːr'snɪl oˇfʏlə 'taŋkən

Ich möchte zehn Liter.
Jeg vil gjerne ha ti liter.
jæj vɪl ˇjæːrnə haː tiː 'liːtər

Wieviel kostet es?
Hvor mye koster det?
vur ˇmyːə ˇkɔstər de

Öl

Ich möchte *Motorenöl (Getriebeöl)*.
Kan jeg få *motorolje (girolje)*?
kan jæj fo: 'mu:turəljə ('gi:rəljə)

Sehen Sie bitte nach, ob noch genug Öl da ist.
Vær så snill å se etter om det er nok olje.
væ:r so'snıl o se: ᵛɛtər əm de ær 'nək ᵛəljə

Wechseln Sie bitte das Öl.
Vær så snill å skifte olje.
væ:r so'snıl oᵛʃıftə ᵛəljə

Füllen Sie bitte Öl nach.
Vil De fylle på litt mer olje.
vıl di ᵛfʏləpo lıt 'me:r ᵛəljə

Wieviel Öl soll ich Ihnen geben?
Hvor mye olje skal De ha?
vur ᵛmy:ə ᵛəljə skal di ha:

Wasser

Sehen Sie bitte den Kühler nach.
Undersøk radiatoren, er De snill!
ᵛʉnərsø:k radı'a:turən ær di 'snıl

Ich möchte etwas Wasser für den Kühler haben.
Jeg trenger litt vann på radiatoren.
jæj 'trɛŋər lıt 'van po radı'a:turən

Benzinkanister	bensinkanne, -a, -er	bɛn'si:nkanə
Benzintank ...	bensintank, -en, -er	bɛn'si:ntaŋk
Ölkanne	oljekanne, -a, -er	ᵛəljəkanə
Ölstand	oljestand, -en	ᵛəljəstan
Ölwechsel	oljeskift, -et, -	ᵛəljəʃıft
Tankwart	pumpevakt, -a, -er	ᵛpumpəvakt
Treibstoff	drivstoff, -et	'dri:vstəf
	bensin, -en	bɛn'si:n

Reifen

Würden Sie bitte den Reifendruck prüfen?
Vær så snill å måle (luft)trykket i ringene.
væːr so'snɪl oᵛmoːlə '(luf)trʏkə i ᵛrɪŋənə

Pumpen Sie mir bitte die Reifen auf.
Kan jeg få litt luft i ringene?
kan jæj foː lɪt 'luft i ᵛrɪŋənə

Würden Sie bitte diesen Reifen reparieren?
Kan De reparere dette dekket?
kan di repa'reːrə ᵛdɛtə 'dɛkə

Können Sie diesen Schlauch flicken?
Kan De lappe denne slangen?
kan di ᵛlapə ᵛdɛnə ᵛslaŋən

Reifen	dekk, -et, -	dɛk
Reifendruck ..	(luft)trykk i ringene	'(luf)trʏk i ᵛrɪŋənə
Reifenpanne...	punktering, -en, -er	puŋ(k)'teːrɪŋ
Reserverad....	reservehjul, -et, -	re'særvəjuːl
Schlauch	slange, -n, -r	ᵛslaŋə

Wagenwäsche

Würden Sie mir bitte den Wagen waschen?
Kan De vaske bilen for meg?
kan di ᵛvaskə 'biːlən fɔr mæj

Bitte reinigen Sie den Wagen auch innen.
Vær snill å gjøre bilen ren inni også.
væːr'snɪl oᵛjøːrə 'biːlən 'reːn ᵛɪnɪ 'ɔsɔ

Garage und Autoverleih

Ist hier in der Nähe eine Garage?
Finnes det noen garasje her i nærheten?
fıns de ˇnuːən ga'raːʃə hæːr i 'næːrheːtən

Haben Sie eine Garage frei?
Har De en garasje ledig?
haːr di en ga'raːʃə ˇleːdı

Haben Sie eine Einzelbox?
Har De en garasjeplass?
haːr di en ga'raːʃəplas

Kann ich meinen Wagen bei Ihnen unterstellen?
Kan jeg sette inn bilen min hos Dem?
kan jæj ˇsɛtə ın 'biːlən miːn hus dɛm

Wo kann ich den Wagen lassen?
Hvor kan jeg sette bilen fra meg?
vur kan jæj ˇsɛtə 'biːlən fraː mæj

Was kostet das Unterstellen für eine *Nacht (Woche)*?
Hva koster det å sette inn bilen for en *natt (uke)*?
vaː ˇkɔstər de oˇsɛtə ın 'biːlən fər eːn nat (ˇʉːkə)

Ist die Garage die ganze Nacht geöffnet?
Er garasjen åpen hele natta?
æ(ː)r ga'raːʃən ˇoːpən ˇheːlə 'nata

Wann schließen Sie?
Når stenger De?
nər ˇstɛŋər di

Ich möchte meinen Wagen aus der Garage holen.
Jeg vil gjerne få hente bilen (ut av garasjen).
jæj vıl ˇjæːrnə foˇhɛntə 'biːlən (ʉːt a ga'raːʃən)

Wir haben leider keinen Platz mehr.
Dessverre, vi har ingen plasser ledige.
dɛs'værə viː haːr ˇıŋən plasər ˇleːdıə

Ist hier in der Nähe ein Autoverleih?
Er det noen leiebilforretning her i nærheten?
æːr de ˇnuːən ˇlæjəbiːlfɔ'rɛtnıŋ hæːr i 'næːrheːtən

Kann ich bei Ihnen einen Mietwagen bekommen?
Kan jeg få leie en bil hos Dem?
kan jæj fo ˇlæjə en bıːl hus dɛm

Panne

Wir haben eine Panne.
Vi har hatt et uhell.
viː ha(ː)r ˈhat ət ˇʉːhəl

Ich habe eine Motorpanne.
Det er noe galt med motoren.
de æ(ː)r ˇnuːə gaːlt me ˈmuːturən

Ich habe eine Reifenpanne.
Jeg har punktert.
jæj haːr pʉŋ(k)ˈteːrt

Ich habe einen Getriebeschaden.
Det er noe galt med giret.
de æːr ˇnuːə gaːlt me ˈgiːrə

Bitte helfen Sie mir!
Kan De hjelpe meg?
kan di ˇjɛlpə mæj

Könnten Sie mir Hilfe schicken?
Kan De sende meg hjelp?
kan di ˇsɛnə mæj jɛlp

Würden Sie mich bitte ein Stück mitnehmen?
Kan jeg få sitte på et stykke med Dem?
kan jæj foˇsɪtə po ət ˇstʏkə me dɛm

Könnten Sie den Wagen abschleppen?
Kan De taue bilen?
kan di ˇtəʉə ˈbiːlən

Können Sie mir ... leihen?
Kan De låne meg ...?
kan di ˇloːnə mæj

Bitte verständigen Sie ...!
Kan De gi beskjed til ...?
kan di jiː bəˈʃeː tɪl

Unfall

Ich habe einen Unfall gehabt.
Jeg har vært ute for et uhell.
jæj haːr vært ˇʉːtə fər ət ˇʉːhɛl

Es ist ein Unglück passiert.
Det er skjedd en ulykke.
de æ(ː)r ˈʃɛd en ˇʉːlʏkə

Lassen Sie einen Arzt kommen.
Kan De sende en lege?
kan di ˇsɛnə en ˇleːgə

Man muß die Polizei rufen.
Man må tilkalle politiet.
man mo ˈtɪlkalə pulɪˈtiːə

Ich brauche sofort einen Krankenwagen.
Jeg trenger en sykebil med en gang.
jæj ˈtrɛŋər en ˇsyːkəbiːl me ˈeːnˈgaŋ

Ich brauche Verbandzeug.
Jeg trenger forbindingssaker.
jæj ˈtrɛŋər fərˈbɪnɪŋsaːkər

Unfallschaden

Ihr Wagen hat einen meiner Kotflügel verbogen.
De har kjørt en bulk i en av skjermene mine.
diː haːr çøːrt en ˈbʉlk i ˈeːn a ˇʃærmənə ˇmiːnə

Mein Wagen ist durch Ihre Schuld beschädigt.
Det er Deres skyld at bilen min er ødelagt.
de æ(ː)r ˇdeːrəs ʃʏl at ˈbiːlən miːn ær ˇøːdəlakt

Ich bin von rechts gekommen und hatte Vorfahrt.
Jeg kom fra høyre og hadde forkjørsrett.
jæj kɔm fra ˇhœjrə o ˇhadə ˇfɔrçøːrsrɛt

Sie haben beim Einbiegen die Richtung nicht angezeigt.
De ga ikke tegn før De svingte.
diː gaː ˇɪkə tæjn føːr di ˇsvɪŋtə

Ihr plötzliches Bremsen hat mich überrascht.
De bremset opp så plutselig at jeg ikke rakk å stoppe.
diː ˇbrɛmsət ɔp so ˇplʉts(ə)lɪ at jæj ˇɪkə ˈrak o stɔpə

Ich habe Ihr Blinklicht nicht gesehen.
Jeg så ikke blinklyset Deres.
jæj ˈsoː ˇɪkə ˈblɪŋklyːsə ˇdeːrəs

Ich mache Sie für den Schaden verantwortlich.
Jeg trekker Dem til ansvar for skaden.
jæj ˈtrɛkər ˈdɛm tɪl ˇansvaːr fɔr ˇskaːdən

Würden Sie mir als Zeuge dienen?
Kan De være vitne for meg?
kan diː ˇvæːrə ˇvɪtnə (ˇvɪdnə) fɔr mæj

Bitte geben Sie mir Ihren Namen und Ihre Anschrift an.
Kan jeg få Deres navn og adresse?
kan jæj foː ˇdeːrəs navn o adˈrɛsə

Bei welcher Gesellschaft ist Ihr Wagen versichert?
I hvilket selskap er bilen Deres forsikret?
i ˇvɪlkət ˇsɛlskaːp æːr ˈbiːlən ˇdeːrəs fɔrˈsɪkrət

Reparaturwerkstatt

Ist hier in der Nähe eine Reparaturwerkstatt?
Er det noe bilverksted her i nærheten?
æːr de ᵛnuːə ˈbiːlværksteː hæːr i ˈnæːrheːtən

Prüfen Sie bitte ...
Undersøk ..., er De snill.
ᵛʉnərsøːk ... æːr di ˈsnɪl

... ist defekt.
... er i stykker.
... æːr i ˈstʏkər

Bitte geben Sie mir ...
Kan De gi meg ...
kan di jiː mæj ...

Ist ... in Ordnung?
Er ... i orden?
æːr ... i ˈɔrdən

Können Sie das machen?
Kan De gjøre det?
kan diː ᵛjøːrə deː

Ich habe es eilig.
Jeg har det travelt.
jæj haːr de ˈtraːvəlt

Wann ist es fertig?
Når er det ferdig?
nɔr æːr de(ː) ᵛfærdɪ

Wann kann ich den Wagen haben?
Når kan jeg få igjen bilen?
nɔr kan jæj foː ɪˈjɛn ˈbiːlən

Wieviel wird die Reparatur kosten?
Hvor mye vil reparasjonen koste?
vur ᵛmyːə vɪl reparaˈʃuːnən ᵛkɔstə

Haben Sie Original-Ersatzteile für ...?
Har De originale reservedeler til ...?
haːr di(ː) ɔr(ɪ)gɪˈnaːlə reˈsærvədeːlər tɪl ...

Nein, das können wir leider nicht machen.
Nei, det kan vi dessverre ikke.
næj deː kan vi(ː) dɛsˈværə ᵛɪkə

Ich hoffe, daß alles bis *heute (morgen)* abend fertig ist.
Jeg håper at alt er ferdig til *i kveld (i morgen kveld)*.
jæj ᵛhoːpər at ˈalt æːr ᵛfærdɪ tɪl iˈkvɛl (iᵛmoːrənˈkvɛl)

Abschleppwagen ..	bilambulanse, -n, -r	ˈbɪːlambʉˈlaŋsə
Autoreparatur	bilreparasjon, -en, -er	ˈbiːlreparaˈʃuːn
Zusammenstoß ...	kollisjon, -en, -er	kulɪˈʃuːn

Ersatzteile und Reparaturen

Achse	aksel, -elen, -ler	ᵛaksəl
Akkumulator s. Batterie	akkumulator,-en,-er	akʉmʉ'laːtur
Anhänger	tilhenger, -en, -e	ᵛtɪlhɛŋər
Anlasser	(selv)starter, -en, -e	ᵛ(sɛl)staːrtər
Anlasserknopf	starterknapp,-en,-er	ᵛstaːrtərknap
Auspuff(rohr)	eksosrør, -et, -	ɛk'suːsrøːr
Auspufftopf	lydpotte, -a, -er	ᵛlyːdpɔtə
Batterie	batteri, -et, -er	batə'riː

Die Batterie ist leer.
Batteriet er tomt.
batə'riːə ær tumt

Laden Sie bitte die Batterie auf.
Kan De lade opp batteriet?
kan di ᵛlaːdə ɔp batə'riːə

Benzinpumpe	bensinpumpe, -a, -er	bɛn'siːnpumpə
Blinker............	blinklys, -et, -	'blɪŋklyːs

Der Blinker ist defekt.
Blinklyset er i stykker.
'blɪŋklyːsə ær i'stʏkər

Bremse	bremse, -n, -r	ᵛbrɛmsə
– Fußbremse	fotbremse	ᵛfuːtbrɛmsə
– Handbremse	håndbremse	ᵛhɔnbrəmsə

Die Bremsen sind nicht in Ordnung.
Bremsene er ikke i orden.
ᵛbrɛmsənə ær ᵛɪkə i'ɔrdən

Bremsflüssigkeit	bremsevæske, -n, -r	ᵛbrɛmsəvɛskə

Kontrollieren Sie bitte die Flüssigkeit in den Bremsen.
Vær snill å kontrollere bremsevæsken.
væːr'snɪl okɔntru'leːrə ᵛbrɛmsəvɛskən

Bremspedal	bremsepedal, -en, -er	ˇbrɛmsəpe'da:l
Bremstrommel	bremsetrommel, -en, -mler	ˇbrɛmsətruməl
Dichtung	pakning, -en, -er	ˇpaknıŋ
Differential	differensial, -en, -er	dıfərensı'a:l
Drahtseil	kabel, -elen, -ler	'ka:bəl
Düse	dyse, -n, -r	ˇdy:sə
Ersatzteil	reservedel, -en, -er	rə'særvəde:l
Fahrgestell	understell, -et, -	ˇʉnərstɛl
Fahrspur	kjørefelt, -et, -	ˇçø:rəfɛlt
Federung	fjæring, -en	ˇfjæ:rıŋ
Fehlzündung	tenningsfeil, -en, -	ˇtɛnıŋsfæjl
Feuerlöscher	(brann)slokningsapparat, -et, -er	('bran)ˇsluknıŋsapara:t
Freilauf	frigang, -en	'fri:gaŋ
Frostschutzmittel ...	frostvæske, -n, -r	'frəstvɛskə
Funke	gnist, -en, -er	gnıst
Gang	gir, -et, -	gi:r
– Leerlauf	tomgang, -en	ˇtumgaŋ
– Rückwärtsgang ..	revers	re'værs
Den *1.* (*2.*) Gang einschalten	Sette bilen i *1.* (*2.*) gir	ˇsɛtə 'bi:lən i ˇfœrstə (ˇa:ənt) gi:r
Gangschaltung	girskifte, -t	'gi:rʃıftə
– Lenkradschaltung	rattgir, -et, -	'ratgi:r
Gas	gass, -en, -er	gas
– Gas geben	gi gass	ji: 'gas
– Gas wegnehmen .	slippe gassen	ˇslıpə 'gasən
Gashebel	gasspedal, -en, -er	'gaspeda:l
Gepäckhalter	bagasjebrett, -et, -	ba'ga:ʃəbrɛt
	takgrind, -en, -er	ˇta:kgrın
Geschwindigkeit ...	hastighet, -en, -er	ˇhastıhe:t
Getriebe *(Wechsel-)*	gir, -et, -	gi:r
– Synchrongetriebe .	synkronisert gir	sʏnkrunı'se:rt gi:r
Gewinde	gjenge, -n, -r	ˇjɛŋə
Griff	håndtak, -et, -	ˇhɔnta:k
Heizung	oppvarming, -en	'ɔpvarmıŋ
Hupe	horn, -et, -	hu:rn
Isolierung	isolering, -en, -er	ısu'le:rıŋ
Kabel	kabel, -elen, -ler	'ka:bəl

Kardanwelle	kardangaksel, -elen, -ler	kar'daŋaksəl
Karosserie	karosseri, -et, -er	karɔsə'ri:
Keilriemen	kilerem, -en, -er	ᵛçi:lərɛm
Kette	kjede, -t, -r	ᵛçe:də
– die Kette flicken	reparere kjedet	repa're:rə ᵛçe:də
Klingel	bjelle, -n, -r	ᵛbjɛlə
Kofferraum	bagasjerom, -met, -	ba'ga:ʃərum
Kolben	stempel, -let, -ler	'stɛmpəl
– Kolbenring	stempelring, -en, -er	'stɛmpəlrıŋ
– Kolbenstange	stempelstang, -en, -stenger	'stɛmpəlstaŋ
Kotflügel	skjerm, -en, -er	ʃærm
Kugellager	kulelager, -eret, -re	ᵛkʉ:ləla:gər
Kühler	kjøler, -en, -e	ᵛçø:lər
– Kühlergrill	kjøleribbe, -n, -r	ᵛçø:lərıbə
Kupplung	clutch, -en, -er	klœtʃ
– Kupplungsbelag	clutchlamell, -en, -er	'klœtʃla'mɛl
– Kupplungshebel	clutchpedal, -en, -er	'klœtʃpe'da:l
Kurbelwelle	veivaksel, -elen, -ler	ᵛvæjvaksəl
Lampe	lykt, -en, -er	lʏkt
Lenkrad	ratt, -et, -	rat
Lenkstange	styre, -t, -r	ᵛsty:rə
Lenkung	styring, -en	ᵛsty:rıŋ
Lichtmaschine	dynamo, -en, -er	dʏ'na:mu
Luftfilter	luftfilter, -et, -	'lʉftfıltər
Luftpumpe	luftpumpe, -n, -r	'lʉftpumpə
Magnet	magnet, -en, -er	maŋ'ne:t
Motor	motor, -en, -er	'mu:tur
– luftgekühlt	luftavkjølt	'lʉfta:vçø:lt
– Sechszylindermotor	sekssylindret motor	ᵛsɛksʏlındrət 'mu:tur
– Zweitaktmotor	totaktsmotor	ᵛtu:taktsmu:tur

Der Motor gibt keine volle Leistung.

Motoren trekker dårlig.

'mu:turən 'trɛkər ᵛdo:rlı

Der Motor klopft.

Motoren banker.

'mu:turən ᵛbaŋkər

Der Motor läuft sich heiß.
Motoren går varm.
'mu:turən go:r varm

Der Motor setzt aus.
Motoren går ut.
'mu:turən go:r ʉ:t

Motorhaube	panser, -et, -	'pansər
Motorschaden	motorskade, -n, -r	'mu:turska:də
Nabe	nav, -et, -	na:v
Nockenwelle	kamaksel, -elen, -ler	ˇkamaksəl
Notsitz	reservesete, -t, -r	rə'særvəse:tə
Nummernschild	nummerskilt, -et, -	'numərʃɪlt
Öl	olje, -en, -er	ˇɔljə
– Ölablaßschraube	oljeplugg, -en, -er	ˇɔljəplʉg
– Ölwanne	bunnkasse, -n, -r	ˇbʉnkasə
Pedal	pedal, -en, -er	pe'da:l
Pleuelstange	veivstang, -en, -stenger	'væjvstaŋ
Rad	hjul, -et, -	jʉ:l
– Hinterrad	bakhjul, -et, -	ˇba:kjʉ:l
– Vorderrad	forhjul, -et, -	ˇfɔrjʉ:l
Radkappe	hjulkapsel, -elen, -ler	ˇjʉ:lkapsəl
Rahmen	ramme, -n, -r	ˇramə
Reifen	dekk, -et, -	dɛk
Reservetank	reservetank, -en, -er	rə'særvətaŋk
Rolldach	skyvetak, -et, -	ˇʃy:vəta:k
Rücksitz	baksete, -t, -r	ˇba:kse:tə
Rückspiegel	speil, -et, -	spæjl
Rückstrahler	ryggelys, -et, -	ˇrʏgəly:s
Sattel	sete, -t, -r	ˇse:tə
Schalter	bryter, -en, -e	ˇbry:tər
– Abblendschalter	blendingsbryter, -en, -e	ˇblɛnɪŋsbry:tər
Schalthebel	girstang, -en, -stenger	'gi:rstaŋ
Scheibenwischer	vinduspusser, -en, -e	ˇvɪndʉspʉsər
Scheinwerfer	lykt, -en, -er	lʏkt
– Bremslicht	stopplys, -et, -	'stɔply:s
– Nummernschildbeleuchtung	nummerskiltlys, -et, -	'numərʃɪltly:s
– Parkleuchte	parkeringslys, -et, -	par'ke:rɪŋsly:s
– Schlußlicht	baklys, -et, -	ˇba:kly:s

Schlauch ***(Gummi-)***	slange, -n, -r *(gummi-)*	ᵛslaŋə
Schneekette	kjetting, -en, -er	ˈçɛtɪŋ
Schraube	skrue, -n, -r	ᵛskrʉːə

Ziehen Sie bitte die Schrauben *an (nach)*.
Vær så snill å *stramme (skrue til)* skruene.
væːr soˈsnɪl oᵛstramə (ᵛskrʉːə tɪl) ᵛskrʉːənə

– Schraubenmutter .	mutter, -en, -e	ˈmʉtər
– Schraubenschlüssel	skrunøkkel, -kkelen, -kler	ˈskrʉːnœkəl
Schutzblech	skjerm, -en, -er	ʃærm
Sicherheitsgurt	sikkerhetsbelte, -t, -r	ˈsɪkərheːtsbɛltə
Sicherung	sikring, -en, -er	ᵛsɪkrɪŋ

Die Sicherung ist durchgebrannt.
Sikringen er gått.
ᵛsɪkrɪŋən ær ˈgɔt

Sitz	sete, -t, -r	ᵛseːtə
– Vordersitz	forsete, -t, -r	ᵛfɔrseːtə
Speiche	eike, -n, -r	ᵛæjkə
Stoßdämpfer	støtdemper, -en, -e	ˈstøːtdɛmpər
Stoßstange	støtfanger, -en, -e	ˈstøːtfaŋər

Würden Sie bitte die Stoßstange geradebiegen?
Vær så snill å rette ut støtfangeren.
væːr soˈsnɪl oᵛrɛtə ʉːt ˈstøːtfaŋərən

Tachometer	speedometer, -et, -	spiːduˈmeːtər
Trittbrett	stigbrett, -et, -	ˈstiːgbrɛt
Übersetzung	overføring, -en, -er	ᵛoːvərføːrɪŋ
Ventil	ventil, -en, -er	vɛnˈtiːl

Sehen Sie bitte die Ventile nach.
Vær så snill å se etter ventilene.
væːr soˈsnɪl oᵛseːɛtər vɛnˈtiːlənə

Ventilator	vifte, -n, -r	ˇvɪftə
Ventilatorriemen ..	vifterem, -men, -mer	ˇvɪftərɛm

Der Ventilatorriemen muß gekürzt werden.
Vifteremmen må strammes.
ˇvɪftərɛmən mo(ː) ˇstraməs

Verdeck	kalesje, -n, -r	ka'lɛʃə
Vergaser	forgasser, -en, -e	fɔr'gasər

Überprüfen Sie bitte den Vergaser.
Kan De kontrollere forgasseren.
kan di kuntru'leːrə fɔr'gasərən

Verteiler	fordeler, -en, -e	fɔr'deːlər
Wagenheber	jekk, -en, -er	jɛk
Werkzeug	verktøy, -et, -	'værktœj
– Beißzange	knipetang, -en, -tenger	ˇkniːpətaŋ
– Bohrer	bor, -et, -	buːr (bɔr)
– Feile	fil, -en, -er	fiːl
– Hammer	hammer, -en, -e	ˇhamər
– Montiereisen	dekkjern, -et, -	'dɛkjæːrn
– Nagel	nagle, -n, -r	ˇnaglə
– Schraubenzieher ..	skrujern, -et, -	'skrʉːjæːrn
– Spitzzange	nebbtang, -en, -tenger	ˇnɛb(ə)taŋ
– Steckschlüssel ...	fastnøkkel, -kkelen, -kler	'fastnœkəl
– Stemmeisen	stemjern, -et, -	'stɛmjæːrn
Werkzeugkasten ...	verktøykasse, -n, -r	'værktœjkasə
Windschutzscheibe .	frontglass, -et, -	'frɔntglas
– Scheibenwaschanlage	vinduspyler, -en, -e	ˇvɪndʉspyːlər
Zündschlüssel	tenningsnøkkel, -kkelen, -kler	ˇtɛnɪŋsnœkəl
Zündung	tenning, -en, -er	ˇtɛnɪŋ
– Zündkerze	tennplugg, -en, -er	'tɛnplʉg

Wechseln Sie bitte diese Kerze aus.
Vær så snill å skifte denne tennpluggen.
væːr soˈsnɪl oˇʃɪftə ˇdɛnə ˈtɛnplʉgən

Die Zündung setzt aus.
Den tenner ikke.
dən ˇtɛnər ˇɪkə

Zylinder .... sylinder, -eren, -re sʏˈlɪndər

Hinweise für Autofahrer

Außer den internationalen Verkehrszeichen begegnen dem Kraftfahrer auch andere Schilder. Die wichtigsten sind:

BARN LEKER	BLINDGATE
Kinder spielen	**Sackgasse**
BLINDVEI	DYRETREKK
Sackgasse	**Wildwechsel**
DÅRLIG VEIDEKKE	KJØR SAKTE
Schlechte Fahrbahn	**Langsam fahren!**
LEKEPLASS	SE OPP FOR TOG
Kinderspielplatz	**Vorsicht! Zug!**

SKILØYPE KRYSSER	SONE
Schiweg kreuzt	**Stadtzone mit Sonderbestimmungen für Halten und Parken**

STOPP	SVAKE KANTER
Halt!	**Weiche Banketten**

SYKEHUS	2 TIMER / 2 T
Krankenhaus	**2 Stunden**

TURISTINFORM	VEIARBEID
Auskünfte für Touristen	**Baustelle**

In Norwegen ist **überall** die Verkehrsgeschwindigkeit beschränkt:

Innerhalb geschlossener Ortschaften: 50 km/Std,

außerhalb geschlossener Ortschaften: 80 km/Std.

Im Kreisverkehr gilt — anders als in Deutschland — die allgemeine Regel:

Wer von rechts kommt, hat die Vorfahrt. Die norwegische „Promillengrenze" ist sehr niedrig. Mit einer Alkoholkonzentration im Blut von 0,5 ‰ darf man nicht mehr fahren.

MIT DER EISENBAHN

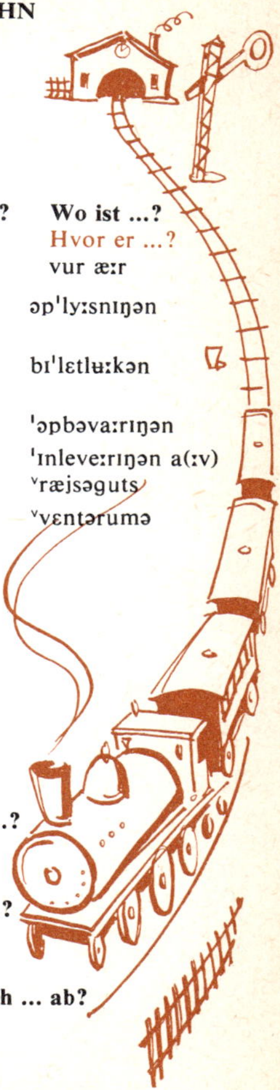

Bahnhof

Ich möchte zum Bahnhof.
Jeg skal til stasjonen.
jæj skal tɪl sta'ʃuːnən

Können Sie mir sagen, wo der Bahnhof ist?
Kan De si meg hvor stasjonen ligger?
kan di 'siː mæj vur sta'ʃuːnən 'lɪgər

Wo ist ...?
Hvor er ...?
vur æːr

das Auskunftsbüro . .	opplysningen	ɔp'lyːsnɪŋən
die Fahrkartenausgabe	billettluken	bɪ'lɛtlʉːkən
die Handgepäckaufbewahrung	oppbevaringen	'ɔpbəvaːrɪŋən
die Gepäckaufgabe .	innleveringen av reisegods	'ɪnleveːrɪŋən a(ːv) ˇræjsəguts
der Wartesaal	venterommet	ˇvɛntərumə

Wo werden die Fahrkarten verkauft?
Hvor er billettsalget?
vur æːr bɪ'lɛtsalgə

Auskunft

Wann habe ich einen Zug nach ...?
Når går det et tog til ...?
nɔr goːr də ət toːg tɪl ...

Wann fährt der nächste Schnellzug nach ...?
Når går neste hurtigtog til ...?
nɔr goːr ˇnɛstə ˇhʉrtɪtoːg tɪl ...

Wann fährt der *erste (letzte)* Zug nach ...?
Når går *første (siste)* tog til ...?
nɔr goːr ˇfœrstə (ˇsɪstə) toːg tɪl ...

Von welchem Bahnsteig fährt der Zug nach ... ab?
Fra hvilket spor går toget til ...?
fraː ˇvɪlkət spuːr goːr 'toːgə tɪl ...

Wo ist der Zug nach ...?
Hvor er toget til ...?
vur æ:r 'to:gə tɪl ...

Ist das der Zug nach ...?
Er det toget til ...?
æ:r 'de: 'to:gə tɪl ...

Auf welchem Bahnsteig kommt der Zug aus ... an?
På hvilket spor kommer toget fra ... inn?
po ᵛvɪlkət spu:r 'kɔmər 'to:gə fra: ... ɪn

Hat der Zug aus ... Verspätung?
Er toget fra ... forsinket?
æ:r 'to:gə fra: ... fɔr'sɪŋkət

Er hat eine Stunde Verspätung.
Det er en time forsinket.
de: æ:r e:n ᵛti:mə fɔr'sɪŋkət

Müssen wir umsteigen?
Må vi bytte tog?
mo: vi: ᵛbʏtə to:g

Wo muß ich umsteigen?
Hvor må jeg bytte tog?
vur mo: jæj ᵛbʏtə to:g

Wie lange haben wir Aufenthalt?
Hvor lenge blir vi stående?
vur ᵛlɛŋə bli:r vi(:) ᵛsto:ənə

Wann fahren wir ab?
Når går toget?
nɔr go:r 'to:gə

Haben wir in Drammen Anschluß nach Kongsberg?
Korresponderer vi med tog fra Drammen til Kongsberg?
kɔrəspun'de:rər vi(:) me to:g fra 'dramən tɪl 'kɔŋsbærg

Fahrplan

Ankomst = **Ankunft**	Avgang = **Abfahrt**

Expreß(zug)	ekspress(tog)	ɛks'prɛs(to:g)
Eilzug, D-Zug, Schnellzug	hurtigtog	ᵛhʉrtɪto:g
Personenzug	persontog	pær'su:nto:g
Motorzug	motorvognsett	'mu:turvɔŋnsɛt
Triebwagen	motorvogn	'mu:turvɔŋn
Schlafwagen	sovevogn	ᵛso:vəvɔŋn
Speisewagen	spisevogn	ᵛspi:səvɔŋn

Fahrkarten

Bitte einmal zweiter Klasse einfach nach ...
En enkeltbillett annen klasse til ..., takk!
e:n 'ɛŋkəltbɪlɛt ᵛa:ən ᵛklasə tɪl ... tak

Geben Sie mir bitte eine Rückfahrkarte erster Klasse nach ...!
Får jeg en tur-retur første klasse til ..., takk!
fo:r jæj e:n 'tʉ:rə'tʉ:r ᵛfœrstə ᵛklasə tɪl ... tak

Wie lange ist diese Fahrkarte gültig?
Hvor lenge er denne billetten gyldig?
vur ᵛlɛŋə æ:r ᵛdɛnə bɪ'lɛtən ᵛjʏldɪ

Wie oft kann ich die Fahrt unterbrechen?
Hvor mange ganger kan jeg avbryte reisen?
vur ᵛmaŋə ᵛgaŋər kan jæj 'a:vbry:tə ᵛræjsən

Kann man hier eine numerierte Fahrkarte bekommen?
Kan jeg få plassbillett her?
kan jæj fo: 'plasbɪlɛt hæ:r

Nein, hier gegenüber.
Nei, der på den andre siden.
næj dæ:r po dən ᵛandrə ᵛsi:dən

Ich möchte zwei Plätze erster Klasse für den Zug nach ... vorbestellen, der übermorgen um 8 Uhr abfährt.
Jeg ville gjerne bestille to plasser på første klasse på toget til ... i overmorgen klokken 8.
jæj ᵛvɪlə ᵛjæ:rnə bə'stɪlə tu: ᵛplasər po ᵛfœrstəklasə po 'to:gə tɪl ... i'o:vərmo:rən ᵛklɔkən ᵛɔtə

Wieviel kostet eine Fahrkarte zweiter Klasse nach ...?
Hva koster en annen klasses billett til ...?
va: ᵛkɔstər en ᵛa:ənklasəs bɪ'lɛt tɪl ...

einfache Fahrkarte .	enkeltbillett, -en, -er	ɛŋkəltbɪlɛt
Freikarte	fribillett, -en, -er	'fri:bɪlɛt
Kinderfahrkarte....	barnebillett, -en, -er	ᵛba:rnəbɪlɛt
ermäßigte Fahrkarte	rabattbillett, -en, -er	ra'batbɪlɛt
Rundreisekarte	rundreisebillett, -en, -er	ᵛrʉnræjsəbɪlɛt
Sonntagsfahrkarte..	weekendbillett, -en, -er	'vi:kɛn(d)bɪlɛt
Zuschlagkarte	tilleggsbillett, -en, -er	ᵛtɪlɛgsbɪlɛt

Gepäck

Ich möchte dieses Gepäck direkt nach ... aufgeben.
Jeg ville gjerne sende dette som reisegods til ...
jæj ˇvɪlə ˇjæːrnə ˇsɛnə ˇdɛtə sɔm ˇræjsəguts tɪl ...

Geht das Gepäck mit demselben Zug ab?
Blir bagasjen sendt med samme tog?
bliːr ba'gaːʃən sɛnt me ˇsamə toːg

Ich möchte mein Gepäck versichern.
Jeg vil gjerne forsikre bagasjen.
jæj vɪl ˇjæːrnə fər'sɪkrə ba'gaːʃən

Wieviel habe ich zu zahlen?
Hvor mye skal jeg betale?
vur ˇmyːə skal jæj bə'taːlə

Ist mein in ... aufgegebenes Gepäck schon angekommen?
Er min bagasje — fra ... — kommet inn?
æːr miːn ba'gaːʃə fraː ... kɔmət 'ɪn

Ich möchte dieses Gepäck hierlassen.
Jeg vil gjerne få satt inn denne bagasjen til oppbevaring.
jæj vɪl ˇjæːrnə foˇsatɪn ˇdɛnə ba'gaːʃən tɪl 'ɔpbəvaːrɪŋ

Nur diesen Koffer, die anderen Sachen lasse ich noch hier.
Bare denne kofferten, det andre blir stående her så lenge.
ˇbaːrə ˇdɛnə 'kufərtən də ˇandrə bliːr ˇstoːənə hæːr so ˇlɛŋə

Das sind nicht meine Sachen.
Det er ikke mine ting.
deː æ(ː)r ˇɪkə ˇmiːnə tɪŋ

Es fehlt ein großer Koffer.
Det mangler en stor koffert.
də ˇmaŋlər en stuːr 'kufərt

schweres Gepäck . .	reisegods, -et	ˇræjsəguts
Gepäckabfertigung .	reisegodsekspedisjon, -en	ˇræjsəgutsɛkspədɪ'ʃuːn
Gepäckannahme . . .	innlevering av reisegods	'ɪnləveːrɪŋ a(ːv) ˇræjsəguts
Gepäckaufbewahrung	oppbevaring, -en	'ɔpbəvaːrɪŋ
Gepäckaufgabe	reisegodsinnlevering, -en	ˇræjsəguts'ɪnləveːrɪŋ
Gepäckausgabe	reisegodsutlevering, -en	ˇræjsəguts'ʉːtləveːrɪŋ
Handgepäck	håndbagasje, -n	ˇhɔnba'gaːʃə
Handkoffer	håndkoffert, -en, -er	ˇhɔnkufərt
Tasche	veske, -n, -r	ˇvɛskə

Gepäckträger

Abfahrt:

Träger, bringen Sie bitte diese Koffer an den Zug nach ...
Kan De ta disse koffertene til toget til ...
kan di taː ᵛdɪsə ˈkufərtənə tɪl ˈtoːgə tɪl ...

Holen Sie bitte den Koffer.
Vil De hente den kofferten?
vɪl di ᵛhɛntə dɛn ˈkufərtən

Erwarten Sie mich bitte am Gleis 3.
Vent på meg ved spor 3.
vɛnt po mæj ve spuːr treː

Suchen Sie mir bitte einen guten Platz erster Klasse.
Kan De finne en god plass for meg på første klasse?
kan di ᵛfɪnə ən guː plas fər mæj po ᵛfærstəklasə

Ankunft:

Rufen Sie mir bitte einen Gepäckträger.
Kan De skaffe meg en bærer?
kan di ᵛskafə mæj ən ᵛbæːrər

Träger, hierher!
Hallo bærer!
haˈluː ᵛbæːrər

Können Sie heraufkommen?
Kan De komme hit inn?
kan di ᵛkəmə hi(ː)t ɪn

Zum Taxi, bitte!
Til drosjen, er De snill!
tɪl ᵛdrəʃən ærdiˈsnɪl

Bringen Sie bitte diesen Koffer zur Aufbewahrung!
Kan De ta denne kofferten til oppbevaringen?
kan di taː ᵛdɛnə ˈkufərtən tɪl ˈəpbəvaːrɪŋən

Ich habe schweres Gepäck abzuholen.
Jeg har noe reisegods som skal hentes.
jæj haːr ᵛnu(ːə) ᵛræjsəguts səm skal ᵛhɛntəs

Holen Sie es bitte ab!
Kan De hente det?
kan di ᵛhɛntə də

Hier ist der Gepäckschein.
Her er kvitteringen.
hæːr æːr kvɪˈteːrɪŋən

Besorgen Sie uns bitte ein Taxi.
Kan De skaffe oss en drosje?
kan di ᵛskafə əs ən ᵛdrəʃə

Wieviel bekommen Sie?
Hvor mye skal De ha?
vur ᵛmyːə skal di haː

Der Tarif pro Koffer ist ...!
Taksten pr. koffert er ...
ˈtakstən pær ˈkufərt æːr ...

Auf dem Bahnsteig

Wo fährt der Zug nach ... ab?
Fra hvilket spor går toget til ...?
fra ᵛvılkət spu:r go:r ˈto:gə tıl

Wohin fährt dieser Zug?
Hvor går dette toget hen?
vur go:r ᵛdɛtə ˈto:gə hɛn

Ist dies der Zug nach ...?
Er dette toget til ...?
æ:r ᵛdɛtə ˈto:gə tıl

Woher kommt dieser Zug?
Hvor kommer dette toget fra?
vur ˈkɔmər ᵛdɛtə ˈto:gə fra:

Wo sind die Wagen erster Klasse?
Hvor er første klasse?
vur æ:r ᵛfœrstəklasə

Wo ist der Speisewagen?
Hvor er spisevognen?
vur æ:r ᵛspi:səvɔŋnən

Vorn.
Forrest.
ˈfɔrəst

In der Mitte.
På midten.
po ˈmıtən

Hinten.
Bakerst.
ˈba:kərst

Auf Gleis 2 fährt der Eilzug von ... nach ... *ein (ab).*
Hurtigtog fra ... til ... *kommer inn på (går fra)* spor 2.
ᵛhurtıto:g fra ... tıl ... ˈkɔmərˈın po (ˈgo:r fra) spu:r tu:

Der Zug aus ... fährt ein.
Toget fra ... kommer inn.
ˈto:gə fra ... ˈkɔmərˈın

Der Zug nach ... fährt ab.
Toget til ... er klar til avgang.
ˈto:gə tıl ... æ:rˈkla:r tıl ᵛa:vgaŋ

HÅNDBAGASJE
Handgepäck

INNGANG
Eingang

TOALETTER
Toiletten

AVISER
Zeitungen

OPPLYSNINGER
Auskunft

RESTAURANT
Restaurant

DAMER
Damen

HERRER
Herren

UTGANG
Ausgang

TOLL
Zoll

VENTEROM
Wartesaal

INNKVARTERING
Zimmernachweis

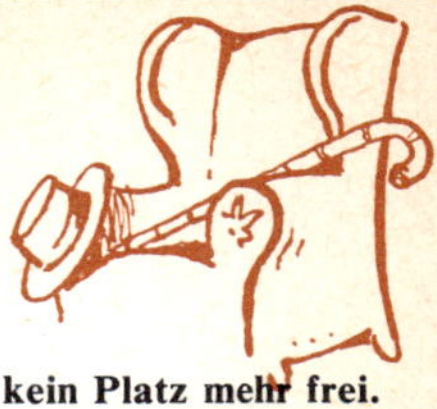

Im Zug

Verzeihung, ist dieser Platz noch frei?
Unnskyld, er denne plassen ledig?
'ʉnʃʏl æːr ᵛdɛnə 'plasən ᵛleːdɪ

Ist hier noch ein Platz?
Er det noen ledig plass her?
æːr də ᵛnuːən ᵛleːdɪ plas hæːr

Es ist kein Platz mehr frei.
Det er ingen ledige plasser her.
də æːr ᵛɪŋən ᵛleːdɪə ᵛplasər hæːr

Das ist mein Platz, ich hatte ihn belegt.
Det er min plass, jeg hadde tatt den.
deː æːr miːn plas jæj ᵛhadə 'tat dən

Darf ich das Fenster schließen?
Får jeg lov til å lukke vinduet?
foːr jæj loːv tɪl oᵛlukə ᵛvɪndʉə

Es zieht.
Det trekker.
də 'trɛkər

Würden Sie bitte das Fenster öffnen?
Vil De være så snill å åpne vinduet?
vɪl di ᵛvæːrə so'snɪl oᵛoːpnə ᵛvɪndʉə

Es ist zu warm.
Det er så varmt her.
də æːr so 'varmt hæːr

Kann ich Ihnen beim Unterbringen des Gepäcks helfen?
Kan jeg hjelpe Dem med å få bagasjen på plass?
kan jæj ᵛjɛlpə dɛm me o'fo(ː) ba'gaːʃən po 'plas

Würden Sie mir bitte meinen Koffer herunternehmen?
Vil De være så snill å ta ned kofferten for meg?
vɪl di ᵛvæːrə so'snɪl oᵛtaːneː(d) 'kufərtən fər mæj

Sie gestatten!
Unnskyld!
'ʉnʃʏl

Darf ich vorbeigehen?
Får jeg slippe forbi?
foːr jæj ᵛslɪpə fər'biː

Darf ich einmal Ihren Fahrplan einsehen?
Kan jeg få se litt på ruteplanen Deres?
kan jæj fo 'seː lɪt po ᵛrʉːtəplaːnən ᵛdeːrəs

Dürfte ich bitte einen Augenblick Ihre Zeitung haben?
Unnskyld, kunne jeg få låne avisen Deres et øyeblikk?
'ʉnʃʏl ᵛkʉnə jæj fo ᵛloːnə a'viːsən ᵛdeːrəs ət ᵛœjəblɪk

Bitte, die Fahrkarten!
Billettene, takk!
bɪˈlɛtənə tak

Ich kann meine Fahrkarte nicht finden.
Jeg kan ikke finne billetten min.
jæj kan ˇɪkə ˇfɪnə bɪˈlɛtən min

Muß ich Zuschlag zahlen?
Må jeg betale tillegg?
mo: jæj beˈta:lə ˇtɪlɛg

Fährt dieser Zug über ...?
Går dette toget over ...?
go:r ˇdɛtə ˈto:gə ˈo:vər

Wann kommen wir in ... an?
Når er vi i ...?
nər æ:r vi i:

Wie heißt diese Station?
Hva heter denne stasjonen?
va: ˇhe:tər ˇdɛnə staˈʃu:nən

Wie lange hält der Zug hier?
Hvor lenge blir toget stående her?
vur ˇlɛŋə bli:r ˈto:gə ˇsto:ənə hæ:r

Wann fährt er ab?
Når går det?
nər go:r də

Kommen wir pünktlich an?
Er vi i rute?
æ:r vi i ˇrʉ:tə

Wann werden wir ankommen?
Når er vi framme?
nər æ:r vi ˇframə

Wir haben eine halbe Stunde Verspätung.
Vi er en halv time forsinket.
vi(:) æ:r ən ˇhalti:mə fərˈsɪŋkət

Wie viele Stationen sind es noch bis ...?
Hvor mange stasjoner er det igjen før ...?
vur ˇmaŋə staˈʃu:nər æ(:)r də ɪˈjɛn fø:r

Sagen Sie mir bitte, wenn ich aussteigen muß.
Kan De si fra når jeg må gå av?
kan di ˇsi:fra nər jæj mo ˇgo:a:(v)

RØYKEKUPE	RØYKING FORBUDT	KLOSETT
Raucher	**Rauchen verboten**	**Abort**

OPPTATT	LEDIG	NØDBREMSE
Besetzt	**Frei**	**Notbremse**

Wörter

abfahren	gå	go:
Abfahrt	avgang, -en, -er	^{v}a:vgaŋ
Abteil	kupé, -éen, -éer	kʉ'pe:
ankommen	(an)komme	^{v}kɔmə ('ankɔmə)
Ankunft	ankomst, -en, -er	^{v}ankɔmst
Anschluß	korrespondanse, -n, -r	kɔrəspun'daŋsə
Aufenthalt	opphold, -et, -	^{v}ɔphɔl
Ausgang	utgang, -en, -er	^{v}ʉ:tgaŋ
aussteigen	gå av	^{v}go:a:(v) (go: 'a:[v])
Bahnhof	stasjon, -en, -er	sta'ʃu:n
Bahnhofsvorsteher	stasjonsmester, -en, -e	sta'ʃu:nsmɛstər
Bahnsteig	perrong, -en, -er	pe'rɔŋ
Drehkreuz	korsbom, -men, -mer	'kɔrsbum
Eckplatz	hjørneplass, -en, -er	^{v}jø:rnəplas
Eingang	inngang, -en, -er	^{v}ɪngaŋ
Eisenbahn	jernbane, -n, -r	^{v}jæ:rnba:nə
Eisenbahnwagen	jernbanevogn, -a, -er	^{v}jæ:rnba:nəvɔŋn
Ermäßigung	rabatt, -en, -er	ra'bat
Fahrkarte	billett, -en, -er	bɪ'lɛt
Fahrplan	ruteplan, -en, -er	^{v}rʉ:təpla:n
Fensterplatz	vindusplass, -en, -er	^{v}vɪndʉ(:)splas
Gepäckwagen	bagasjevogn, -a, -er	ba'ga:ʃəvɔŋn
Gleis	spor, -et, -	spu:r
Heizung	varme, -n	^{v}varmə
Kurswagen	gjennomgående vogn	^{v}jɛnəmgo:ənə vɔŋn
Lokomotive	lokomotiv, -et, -er	lukumu'ti:v
Reiseproviant	niste, -n	^{v}nɪstə
Schaffner	konduktør, -en, -er	kundʉk'tø:r
Schalter	billettluke, -a, -er	bɪ'lɛtlʉ:kə
Trittbrett	stigbrett, -et, -	'sti:gbrɛt
Wagen, Waggon	vogn, -a, -er	vɔŋn
Wagentür	vogndør, -a, -er	^{v}vɔŋndø:r
Waschraum	toalett, -et, -er	tua'lɛt
Zug	tog, -et, -	to:g

MIT DEM FLUGZEUG

Auskunft und Flugkarte

Gibt es eine Flugverbindung nach ...?
Er det noen flyforbindelse med ...?
æːr də ˇnuːən 'flyːfərbɪnəlsə me ...

Gibt es heute ein Flugzeug nach ...?
Går det noe fly til ... i dag?
goːr də ˇnuːə flyː tɪl ... i'daːg

Wann fliegt es?
Når går det?
nər goːr də

Wann fliegt das nächste Flugzeug nach ...?
Når går neste fly til ...?
nər goːr ˇnɛstə flyː tɪl ...

Ist noch Platz?
Er det noen ledig plass?
æːr də ˇnuːən ˇleːdɪ plas

Wieviel kostet ein einfacher Flug?
Hvor mye koster reisen én vei?
vur ˇmyːə ˇkəstər ˇræjsən eːn væj

Wieviel Gepäck ist frei?
Hvor mye bagasje kan en ta med på billetten?
vur ˇmyːə ba'gaːʃə kan e(ː)n taː meː po bɪ'lɛtən

Wieviel kostet ein Hin- und Rückflug nach ...?
Hva koster det tur-retur til ...?
vaː ˇkəstər də 'tʉːrə'tʉːr tɪl ...

Wie lange ist die Karte gültig?
Hvor lang gyldighet har billetten?
vur laŋ ˇjʏldɪheːt haːr bɪ'lɛtən

Wo ist der Flugplatz?
Hvor er flyplassen?
vur æːr 'flyːplasən

Wann muß ich auf dem Flugplatz sein?
Når må jeg være på flyplassen?
nər mo jæj ˇvæːrə po 'flyːplasən

Gibt es einen Autobus?
Er det bussforbindelse?
æːr də 'bʉsfərbɪnəlsə

Eine halbe Stunde vor dem Abflug.
En halv time før flyavgang.
en 'hal ˇtiːmə føːr 'flyːaːvgaŋ

Ich möchte für morgen zwei Plätze nach ... buchen.
Jeg vil gjerne bestille to plasser til ... for i morgen.
jæj vɪl ˇjæːrnə be'stɪlə tuː ˇplasər tɪl ... fər iˇmoːrən

Gibt es für übermorgen noch eine Flugkarte nach ...?
Er det noen plass igjen på flyet til ... i overmorgen?
æːr də ˇnuːən plas ɪ'jɛn po 'flyːə tɪl ... i'oːvərmoːrən

Auf dem Flugplatz

Ich fliege um 9 Uhr nach ...
Jeg skal med flyet til ... klokka 9.
jæj skal me 'fly:ə tıl ... klɔka ni:

Wieviel wiegt das Gepäck?
Hvor mye veier bagasjen?
vur ᵛmy:ə 'væjər ba'ga:ʃən

Wann werden wir aufgerufen?
Når blir vi ropt opp?
'nɔr bli:r vi ᵛruptɔp

Kommt die Maschine pünktlich an?
Er flyet i rute?
æ:r 'fly:ə i ᵛrʉ:tə

Fliegt die Maschine pünktlich ab?
Es flyet i rute?
æ:r 'fly:ə i ᵛrʉ:tə

Wann kommen wir in ... an?
Når er vi i ...?
'nɔr æ:r vi i(:)

Wohin muß ich mich wenden?
Hvor skal jeg henvende meg?
vur skal jæj 'hɛnvɛnə mæj

Wieviel muß ich zahlen?
Hvor mye koster det?
vur ᵛmy:ə ᵛkɔstər de(:)

Wo ist der Warteraum?
Hvor er venterommet?
vur æ:r ᵛvɛntərumə

Mit 10 Minuten Verspätung.
Det er 10 minutter forsinket.
də æ:r ti: mı'nʉtər fɔr'sıŋkət

Wann fliegen wir ab?
Når skal vi starte?
'nɔr skal vi ᵛsta:rtə

Ist das Wetter günstig?
Er været bra?
æ(:)r 'væ:rə bra:

Die Maschine nach ... ist startbereit auf Bahn 5.
Flyet til ... står startklar på bane 5.
'fly:ə tıl ... sto:r 'sta:rtkla:r po ᵛba:nə fɛm

Die Passagiere nach ... werden gebeten, sich zum Ausgang B zu begeben.
Passasjerer til ... bes gå til utgang B.
pasa'ʃe:rər tıl ... be:s go: tıl ᵛʉ:tgaŋ be:

aufsteigen	stige	ᵛsti:gə
Besatzung	besetning, -en, -er	be'sɛtnıŋ
Fluggesellschaft	flyselskap, -et, -	'fly:sɛlska:p
Fluglinie	flyrute, -n, -r	'fly:rʉ:tə
Flugplan	tidtabell, -en, -er	ᵛti:tabɛl
Flugzeit	flytid, -en	'fly:ti:(d)
landen	lande	ᵛlanə
Rundflug	rundreise (med fly)	ᵛrʉnræjsə (me fly:)
Schwimmweste	redningsvest, -en, -er	ᵛrɛdnıŋsvɛst
Stewardeß	flyvertinne, -n, -r	'fly:værtınə
Zwischenlandung	mellomlanding, -en, -er	ᵛmɛlɔmlanıŋ

Im Flugzeug

Bitte das Rauchen einstellen!
Vi gjør oppmerksom på at røkning er forbudt.
vi jø:r ɔp'mærksɔm po at ᵛrø:knɪŋ æ:r fɔr'bʉt

Anschnallen, bitte!
Fest sikkerhetsbeltet!
fɛst 'sɪkərhe:tsbɛltə

Wie hoch sind wir?
Hvor høyt er vi?
vur hœjt æ:r vi

Wo sind wir jetzt?
Hvor er vi nå?
vur æ:r vi no:

Die durchschnittliche Flughöhe wird 5000 Meter betragen.
Gjennomsnittlig flyhøyde vil ligge på 5000 meter.
ᵛjɛnɔmsnɪtlɪ 'fly:hœjdə vɪl ᵛlɪgə po 'fɛm 'tʉ:sən 'me:tər

Wir fliegen über ...
Vi flyr over ...
vi fly:r 'o:vər

Was ist das für *ein Gebirge (eine Insel)*?
Hva er det for *et fjell (en øy)*?
va: ær de: fɔr ət 'fjɛl (ən 'œj)

Wie heißt der *Fluß (See)*, den man dort unten sieht?
Hva heter den *elva (sjøen)* vi ser der nede?
va: ᵛhe:tər dɛn 'ɛlva ('ʃø:ən) vi se:r dæ:r ᵛne:də

Kann ich eine Zeitung haben?
Kan jeg få en avis?
kan jæj 'fo: ən a'vi:s

Wo ist die Toilette?
Hvor er toalettet?
vur æ:r tu:a'lɛtə

Mir ist schlecht.
Jeg føler meg uvel.
jæj ᵛfø:lər mæj ᵛʉ:vɛl

Haben Sie ein Mittel gegen Luftkrankheit?
Har De et middel mot reisesyke?
ha:r di ət 'mɪdəl mu:t ᵛræjsəsy:kə

Wann landen wir?
Når lander vi?
nɔr ᵛlanər vi

Wir landen in etwa 20 Minuten.
Vi lander om ca. 20 minutter.
vi ᵛlanər ɔm 'sɪrka ᵛty:və mɪ'nʉtər

Bitte, sitzen bleiben!
Vær vennlig å bli sittende!
væ:r ᵛvɛnlɪ o bli ᵛsɪtənə

Warten Sie bitte, bis die Tür geöffnet wird!
Vær vennlig å vente til døren blir åpnet.
væ:r ᵛvɛnlɪ oᵛvɛntə tɪl 'dø:rən bli(:)r ᵛo:pnət

Wir sind angekommen.
Vi er landet.
vi æ(:)r ᵛlanət

Angenehme Weiterreise!
God reise videre!
gu: ᵛræjsə ᵛvi:d(ə)rə

MIT DEM SCHIFF

Auskunft und Passage

Wann fährt das nächste Schiff nach ...?
Når går neste båt til ...?
ˈnɔr goːr ᵛnɛstə boːt tɪl ...

Welches ist das beste Schiff nach ...?
Hvilket er det beste skipet til ...?
ᵛvɪlkət æːr də ᵛbɛstə ˈʃiːpə tɪl ...

Wo fährt es ab?
Hvor går det fra?
vur goːr de(ː) fraː

An welchen Tagen und um welche Zeit fährt es?
På hvilke dager og tider går det?
po ᵛvɪlkə ᵛdaːgər ɔ ᵛtiːdər goːr de(ː)

Wie lange dauert die Überfahrt?
Hvor lang tid tar det over?
vur laŋ tiː taːr də ˈoːvər

Wann kommt das Schiff an?
Når er båten framme?
ˈnɔr æːr ˈboːtən ᵛframə

Wann müssen wir an Bord sein?
Når må vi være om bord?
ˈnɔr mo vi ᵛvæːrə ɔmˈbuːr

Wo legt es an?
Hvor legger den til?
vur ˈlɛgər dən ˈtɪl

Wo bekommt man die Karten?
Hvor får man kjøpt billetter?
vur foːr man ˈçœpt bɪˈlɛtər

Kann man die Karten auch an Bord lösen?
Kan en løse billett om bord også?
kan en ᵛløːsə bɪˈlɛt ɔmˈbuːr ˈɔsɔ

Ich möchte einen Platz Touristenklasse nach ...
Jeg vil gjerne ha en plass på turistklasse til ...
jæj vɪl ᵛjæːrnə haː e(ː)n ˈplas po tʉˈrɪstklasə tɪl

Ich möchte ...
Jeg vil gjerne ha ...
jæj vɪl ᵛjæːrnə haː

eine Einzelkabine
en enelugar
ən ᵛeːnəlʉgaːr

eine Außenkabine
en utvendig lugar
ən ᵛʉːtvɛndɪ lʉˈgaːr

eine Zweibettkabine
en dobbeltlugar
ən ˈdɔbəltlʉgaːr

eine Innenkabine
en innvendig lugar
ən ᵛɪnvɛndɪ lʉˈgaːr

An Bord

Die Besucher werden gebeten, das Schiff zu verlassen.
Besøkende bes forlate skipet.
be'søːkənə beːs fər'laːtə 'ʃiːpə

Wann legen wir ab?
Når skal vi gå?
'nər skal vi 'goː

Das Schiff fährt ab.
Båten går (ut).
'boːtən goːr ('ʉːt)

Wo ist ...?
Hvor er ...?
vur æːr ...

die Bar	baren	'baːrən
der Gesellschafts-raum	selskapsrommet	ᵛsɛlskaːpsrumə
das Promenaden-deck	promenadedekket	prume'naːdədɛkə
der Salon	salongen	sa'lɔŋən
der Speisesaal	spisesalen	ᵛspiːsəsaːlən

Wo ist mein Gepäck?
Hvor er min bagasje?
vur æːr miːn ba'gaːʃə

Wann kommen wir in ... an?
Når er vi i ...?
nər æːr vi i(ː) ...

Wie lange dauert die Fahrt nach ...?
Hvor lang tid tar det til ...?
vur laŋ tiː(d) taːr də tɪl ...

Mit welcher Geschwindigkeit fahren wir?
Hvor stor fart gjør båten?
vur stuːr 'fart jøːr 'boːtən

Wann laufen wir ... an?
Når anløper vi ...?
nər 'anløːpər vi ...

Welche Häfen laufen wir an?
Hvilke havner anløper vi?
ᵛvɪlkə ᵛhavnər 'anløːpər vi

Kann man in ... an Land gehen?
Kan man gå i land i ...?
Kan man go i'lan i ...

Ich fühle mich nicht wohl.
Jeg føler meg uvel.
jæj ᵛføːlər mæj ᵛʉːvɛl

Haben Sie ein Mittel gegen Seekrankheit?
Har De et middel mot sjøsyke?
haːr di ət 'mɪdəl muːt ᵛʃøːsyːkə

Wörter

Anker	anker, -et, -	ᵛaŋkər
anlaufen	anløpe	ˈanløːpə
Anlegeplatz	anleggssted, -et, -er	ᵛanlɛgsteː(d)
auslaufen	gå ut	goː ʉːt
Boot	båt, -en, -er	boːt
– **Fährboot**	ferje, -a, -er	ᵛfærjə
– **Fischerboot**	fiske(r)båt	ᵛfɪskə(r)boːt
– **Rettungsboot**	livbåt	ˈliːvboːt
Brücke	bru, -a, -er	brʉː
Bucht	bukt, -a, -er	bukt
Bug	baug, -en, -er	bəʉ(g)
Dampfer	(damp)skip, -et, -	(ˈdamp)ʃiːp
– **Fjorddampfer**	fjordbåt, -en, -er	ᵛfjuːrboːt
– **Frachtdampfer** ...	fraktskip, -et, -	ˈfraktʃiːp
Deck	dekk, -et, -	dɛk
– **Achterdeck**	akterdekk	ˈaktərdɛk
– **Oberdeck**	øverste dekk	ˈøːvərstə dɛk
Fähre	ferje, -a, -er	ᵛfærjə
Fahrpreis	billettpris, -en, -er	bɪˈlɛtpriːs
Festland	fastland, -et	ˈfastlan
Fjord, Förde	fjord, -en, -er	fjuːr
Hafen	havn, -a, -er	havn
Heck	hekk, -en	hɛk
Insel	øy, -a, -er	œj
Kabine, Kajüte	lugar, -en, -er	lʉˈgaːr
Kapitän	kaptein, -en, -er	kapˈtæjn
Knoten	knop, -en, -	knuːp (knəp)
Kurs	kurs, -en, -er	kʉːrs
Küste	kyst, -en, -er	çʏst
Land	land, -et, -	lan
Landungsbrücke ...	brygge, -a, -er	ᵛbrʏgə
Leuchtturm	fyr(tårn), -et, -	ˈfyːr(toːrn)
Mannschaft	besetning, -en, -er	beˈsɛtnɪŋ
Mast	mast, -a, -er	mast
Matrose	matros, -en, -er	matˈruːs
Meer	hav, -et, -	haːv
Mole	molo, -en, -er	ˈmuːlu
Passagier	passasjer, -en, -er	pasaˈʃeːr
Quarantäne	karantene, -n, -r	karanˈteːnə

Reling	reling, -en, -er	re(ː)lɪŋ
Rettungsring	livbøye, -n, -r	ˈliːvbœjə
Rettungsweste	redningsvest, -en, -er	ᵛrɛdnɪŋsvɛst
Schiff	skip, -et, -	ʃiːp
– Motorschiff	motorskip	ˈmuːturʃiːp
– Passagierschiff ..	passasjerskip	pasaˈʃeːrʃiːp
Schiffahrt	skipsfart, -en	ˈʃɪpsfart
Schiffsagentur	skipsekspedisjon, -en, -er	ˈʃɪpsɛkspədɪˈʃuːn
Schiffsarzt	skipslege, -n, -r	ˈʃɪpsleːgə
See	sjø, -en	ʃøː
– offene See	åpen sjø	ᵛoːpən ʃøː
– bewegte See	opprørt sjø	ˈɔprøːrt ʃøː
Seekrankheit	sjøsyke, -n	ᵛʃøːsyːkə
Signal	signal, -et, -er	sɪŋˈnaːl
Steuer (= Ruder) .	ror, -et, -	ruːr
Steward	stuert, -en, -er	ˈstʉːərt
Stewardeß	trise, -a, -er	ᵛtriːsə
Strand	strand, -a, strender	stran
Tragflächenboot ...	hydrofoil, -en, -er	hy(ː)druˈfɔjl
Überfahrt	overfart, -en, -er	ᵛoːvərfart
Ufer	strandkant, -en, -er	ᵛstrankant
Welle	bølge, -n, -r	ᵛbœlgə
Zahlmeister	purser, -en, -e	ˈpøːrsər

Die Schiffslinien sind in Norwegen von besonderer Wichtigkeit:

Hurtigruta *ist die Stammlinie Bergen—Nordnorwegen.*

Kystruter *verkehren verschiedene Küstenstrecken in Südnorwegen.*

Lokalruter, fjordbåter, *verbinden die Fjordgebiete mit den Städten an der Westküste.*

Ferjer *(Fähren) sind im Westen und Norden unentbehrliche Glieder des Straßennetzes.*

Bilferjer *(Fährschiffe) verbinden die Städte am Skagerrak mit vielen dänischen Häfen und auch mit dem deutschen Hafen Kiel.*

— Es empfiehlt sich, auf hurtigruta *und den Fährschiffen die Plätze vorauszubestellen, besonders Kabinenplatz und Plätze für Autos.*

EINREISE

Paßkontrolle

Wann legt das Schiff an?
Når legger skipet til?
ˈnɔr ˈlɛgər ˈʃiːpə tɪl

Wann landet die Maschine?
Når lander flyet?
ˈnɔr ˇlanər ˈflyːə

Wann kommen wir an die Grenze?
Når er vi ved grensen?
nɔr æːr vi ve ˇgrɛnsən

Wo findet die Paßkontrolle statt?
Hvor er passkontrollen?
vur æːr ˈpaskunˈtrɔlən

Die Pässe bitte!
Får jeg se passene, takk!
foːr jæj seː ˈpasənə tak

Dieser Paß ist nicht mehr gültig.
Dette passet er ikke gyldig lenger.
ˇdɛtə ˈpasə æːr ˇɪkə ˇjʏldɪ ˈlɛŋər

Ich muß ihn erneuern lassen.
Jeg må fornye det.
jæj mo fɔrˈnyːə də

Was soll ich jetzt tun?
Hva skal jeg nå gjøre?
vaː skal jæj ˈnoːjøːrə

Ich wünsche mit meinem Konsulat in Verbindung zu treten.
Jeg vil gjerne sette meg i forbindelse med vårt konsulat.
jæj vɪl ˇjæːrnə ˇsɛtə mæj i fɔrˈbɪnəlsə me(ː) vɔrt kɔnsʉˈlaːt

Gut! Alles in Ordnung!
Vel! Alt i orden!
vɛl ˈalt i ˈɔrdən

Gute Reise!
God reise!
ˈguː ˇræjsə

Familienname	etternavn, -et, -	ˇɛtərnavn
Vorname	fornavn, -et, -	ˇfɔrnavn
Name des Vaters...	farens navn	ˇfaːrəns navn
Name der Mutter ..	morens navn	ˇmuːrəns navn
Geburtsdatum	fødselsdato, -en, -er	ˈfœtsəlsdaːtu
Geburtsort	fødested, -et, -er	ˇføːdəsteː(d)
Familienstand	familiestand, -en	faˈmiːljəstan
Staatsangehörigkeit	statsborgerskap, -et, -	ˈstaːtsbɔrgərskaːp
Beruf	yrke, -t, -r	ˇʏrkə
Wohnort	bopel, -en, -er	ˇbuːpeːl
Größe	høyde, -n, -r	ˇhœjdə
Augen(farbe)	øyne (øyenfarge, -n)	ˇœjnə (ˇœjənfargə)
Besondere Kennzeichen	særlige kjennetegn	ˇsæːrlɪə ˇçɛnətæjn

Zollkontrolle

Wo findet die *Zollabfertigung (Zollrevision)* statt?
Hvor er tollen?
vur æːr 'tɔlən

Norwegischer Zoll!
Norsk toll!
nɔrsk tɔl

Haben Sie etwas zu verzollen?
Har De noe å fortolle?
haːr diː ᵛnuːə o fɔr'tɔlə

Haben Sie etwas gekauft?
Har De kjøpt noe?
haːr di 'çœpt nu(ːə)

Wie viele Zigaretten haben Sie?
Hvor mange sigaretter har De med Dem?
vur ᵛmaŋə sɪga'rɛtər haːr di 'meː dɛm

Haben Sie Zigarren, Zigaretten, Spirituosen?
Har De sigarer, sigaretter, spirituosa?
haːr di sɪ'gaːrər sɪga'rɛtər spi(ː)rɪtʉ'uːsa

Wieviel Geld führen Sie mit sich?
Hvor mange penger har De med Dem?
vur ᵛmaŋə ᵛpɛŋər haːr di 'meː dɛm

Wem gehört diese Tasche?
Hvem eier denne veska?
vɛm 'æjər ᵛdɛnə ᵛvɛska

Machen Sie bitte Ihren Koffer auf.
Vil De åpne kofferten Deres!
vɪl di ᵛoːpnə 'kufɛrtən ᵛdeːrəs

Was ist in diesem Koffer?
Hva er det i denne kofferten?
vaː æːr də i ᵛdɛnə 'kufərtən

Dafür müssen Sie Zoll zahlen.
Det må De betale toll for.
deː mo di be'taːlə 'tɔl fɔr

Das ist zollfrei.
Det er tollfritt.
deː æːr ᵛtɔlfrɪt

Sie können den Koffer wieder zumachen.
De kan lukke kofferten igjen.
di kan ᵛlukə 'kufərtən ɪ'jɛn

Zollabfertigung	tollbehandling, -en	ᵛtɔlbe'handlɪŋ
Zollamt	toll(bod), -en, -er	(ᵛ)tɔl(buːd)
Zollbeamter	tolder, -en, -e	ᵛtɔldər
Zollinhaltserklärung	tolldeklarasjon, -en, -er	ᵛtɔldɛklaːra'ʃuːn
zollpflichtig	tollpliktig	ᵛtɔlplɪktɪ
Ausfuhrzoll	utførselstoll, -en	ᵛʉːtfœrsəlstɔl
Einfuhrzoll	innførselstoll, -en	ᵛɪnfœrsəlstɔl

Ich habe nichts zu verzollen.
Jeg har ingenting å fortolle.
jæj haːr ᵛɪŋəntɪŋ o fər'tələ

Nicht, daß ich wüßte!
Ikke det jeg vet.
ᵛɪkə 'deː jæj 'veːt

Ich habe nur Sachen für meinen eigenen Gebrauch.
Jeg har bare ting til eget bruk.
jæj haːr ᵛbaːrə tɪŋ tɪl ᵛeːgət brʉːk

Es sind alles gebrauchte Sachen, ich habe nichts Neues.
Det er brukt, alt sammen, jeg har ikke noe nytt.
də æ(ː)r 'brʉkt 'alt 'samən jæj haːr ᵛɪkənu(ː) nʏt

Das ist ein Geschenk.
Det er en gave.
deː æːr ən ᵛgaːvə

Das *ist ein (sind)* Reiseandenken.
Det er *en suvenir (suvenirer).*
deː æːr ən sʉvə'niːr (sʉvə'niːrər)

Ich möchte diese Sachen verzollen.
Dette skal fortolles.
ᵛdɛtə skal fər'tələs

Wieviel muß ich zahlen?
Hvor mye skal jeg betale?
vur ᵛmyːə skal jæj be'taːlə

Seien Sie nachsichtig!
Vær litt overbærende, da!
væːr lɪt ᵛoːvərbæːrənə da

Ich kenne die Vorschriften nicht.
Jeg kjenner ikke bestemmelsene.
jæj ᵛçɛnər ᵛɪkə be'stɛməlsənə

Fahrzeugkontrolle

Ihre Papiere, bitte!
Får jeg se papirene Deres!
foːr jæj seː pa'piːrənə ᵛdeːrəs

Ihren Führerschein, bitte!
Førerkortet, takk!
ᵛføːrərkərtə tak

Haben Sie die Versicherungskarte?
Har De forsikringskort?
haːr di fər'sɪkrɪŋskərt

Autofahrer benötigen für eine Ferienreise nach Norwegen außer Wagen- und Führerkarte nur noch eine internationale Garantieversicherung (International Motor Insurance Card — die „Grüne Versicherungskarte"). — Triptyk, Carnet de passages, Internationale Zulassung, Internationaler Führerschein sind nicht erforderlich.

UNTERKUNFT

Auskunft

Wo ist das ...-Hotel?
Hvor er ... hotell?
vur æːr ... hu'tɛl

Kennen Sie ein *gutes (billiges)* Hotel?
Vet De om et *godt (billig)* hotell?
veːt di'ɔm ət 'gɔt (ᵛbɪlɪ) hu'tɛl

Können Sie mir ein gutes Hotel empfehlen?
Kan De anbefale meg et godt hotell?
kan di 'anbəfaːlə mæj ət 'gɔt hu'tɛl

Wo wohnen Sie?
Hvor bor De?
vur buːr di(ː)

Wie sind die Preise dort?
Hvordan er prisene der?
'vurdan æːr ᵛpriːsənə dæːr

Die Preise sind *mäßig (etwas hoch)*.
Prisene er *rimelige (litt høye)*.
ᵛpriːsənə æːr ᵛriːməlɪə (lɪt ᵛhœjə)

Wo ist die Jugendherberge?
Hvor er ungdomsherberget?
vur æːr ᵛuŋdɔmshæːrbærgə

Wo gibt es einen Zeltplatz?
Hvor er det en campingplass?
vur æːr də ən 'kæmpɪŋplas

Zimmersuche

Haben Sie ein freies Zimmer?
Har De et ledig værelse?
haːr di ət ᵛleːdɪ ᵛvæːrəlsə

Ich möchte ein Zimmer.
Jeg vil gjerne ha et værelse.
jæj vɪl ᵛjæːrnə haː ət ᵛvæːrəlsə

Leider ist alles besetzt.
Dessverre, alt er opptatt.
dɛs'værə 'alt æːr 'ɔptat

Was für ein Zimmer wünschen Sie?
Hva slags værelse ønsker De?
'vaːslaks ᵛvæːrəlsə ᵛœnskər di

Ich möchte ...
Jeg vil gjerne ha ...
jæj vɪl ᵛjæːrnə haː

Geben Sie mir ...
Kan De gi meg ...
kan di 'jiː mæj

Haben Sie ...?
Har De ...?
haːr di

ein Einbettzimmer .	et enkeltrom	ət 'ɛŋkɛltrum
ein Doppelzimmer . .	et dobbeltrom	ət 'dɔbəltrum
ein Zimmer mit Bad	et værelse med bad	ət ᵛvæːrəlsə me baːd
ein Zimmer mit Dusche	et værelse med dusj	ət ᵛvæːrəlsə me dʉʃ
ein Zimmer mit Balkon	et værelse med balkong	ət ᵛvæːrəlsə me bal'kɔŋ
ein ruhiges Zimmer .	et rolig værelse	ət ᵛruːlɪ ᵛvæːrəlsə
ein Zimmer im 1. Stock	et værelse i 2. etasje	ət ᵛvæːrəlsə i ᵛaːən e'taːʃə

Vorbestellung

Ich hatte ein Zimmer bestellt.
Jeg hadde bestilt et værelse.
jæj ᵛhadə be'stɪlt ət ᵛvæːrəlsə

Mein Name ist ...
Mitt navn er ...
mɪt navn æːr ...

Hatten Sie Ihre Ankunft angemeldet?
Har De gitt beskjed om når De skulle komme?
haːr di jɪt be'ʃeː əm 'nər di ᵛskʉlə ᵛkəmə

Hatten Sie ein Zimmer bestellt?
Har De bestilt et værelse?
haːr di(ː) be'stɪlt ət ᵛvæːrəlsə

Wir haben ein Doppelzimmer vormerken lassen.
Vi har fått reservert et dobbeltrom.
viː haːr fət resær'veːrt ət 'dəbəltrum

Besichtigung

Kann ich das Zimmer ansehen?
Kan jeg få se på rommet?
kan jæj fo'seː po 'rumə

Gut, ich nehme das Zimmer.
Det er bra, jeg tar det.
de æ(ː)r 'braː jæj taːr də

Nein, dieses Zimmer gefällt mir nicht.
Nei, jeg liker ikke dette rommet.
næj jæj 'liːkər ᵛɪkə ᵛdɛtə 'rumə

Es ist ...
Det er ...
de æːr

zu groß	for stort	fər 'stuːrt
zu klein	for lite	fər 'liːtə
zu dunkel	for mørkt	fər 'mœrkt
zu einfach	for enkelt	fər 'ɛŋkəlt
zu teuer	for dyrt	fər 'dyːrt

Zeigen Sie mir bitte ein *billigeres (besseres)* Zimmer.
Vil De vise meg et *billigere (bedre)* rom?
vɪl di ᵛviːsə mæj ət ᵛbɪlɪərə ('beːdrə) rum

Ich hätte lieber ein Zimmer, das nicht zur Straße geht.
Jeg ville heller ha et rom som ikke vender mot gaten.
jæj ᵛvɪlə 'hɛlər haː ət rum səm ᵛɪkə ᵛvɛnər muːt ᵛgaːtən

Preis

Wieviel kostet das Zimmer pro *Tag (Woche)*?
Hvor mye koster rommet pr. *døgn (uke)*?
vur ᵛmyːə ᵛkɔstər ˈrumə pær ˈdœjn (ᵛʉːkə)

Ist alles inbegriffen?
Er alt inkludert?
æːr ˈalt ɪnklʉˈdeːrt

Ist die Bedienung inbegriffen?
Er hotellavgiften inkludert?
æːr huˈtɛlaːvjɪftən ɪnklʉˈdeːrt

Sind noch Nebenkosten zu zahlen?
Blir det noe å betale utenom?
bliːr də ᵛnuːə o beˈtaːlə ᵛʉːtənɔm

Wieviel macht es insgesamt?
Hvor mye blir det alt i alt?
vur ᵛmyːə bliːr də ˈaltiˈalt

Geben Sie Vollpension?
Kan man få full pensjon?
kan man fo ˈfʉl paŋˈʃuːn

Das Frühstück wird extra berechnet.
Frokosten beregnes for seg.
ˈfruːkɔstən beˈræjnəs fɔrˈsæj

Wieviel kostet das Zimmer mit *Vollpension (Halbpension)*?
Hvor mye koster værelset med *full (halv)* pensjon?
vur ᵛmyːə ᵛkɔstər ᵛvæːrəlsə me ˈfʉl (ˈhal) paŋˈʃuːn

Wieviel verlangen Sie für diese Wohnung im Monat?
Hvor mye forlanger De for denne leiligheten pr. måned?
vur ᵛmyːə fɔrˈlaŋər di fɔr ᵛdɛnə ᵛlæjlɪheːtən pær ᵛmoːnəd

Zahlt man die Miete im voraus?
Betales leien forskuddsvis?
beˈtaːləs ᵛlæjən ᵛfɔrskʉdsviːs

Wieviel soll ich anzahlen?
Hvor mye skal De ha på forhånd?
vur ᵛmyːə skal di haː poᵛfɔrhɔn

Der Preis erscheint mir reichlich hoch.
Jeg synes prisen er i høyeste laget.
jæj sʏns ˈpriːsən æːr i ᵛhœjəstə ˈlaːgə

Ich werde es mir überlegen und in den nächsten Tagen wiederkommen.
Jeg vil tenke på det og kommer tilbake en av (de nærmeste) dagene.
jæj vɪl ᵛtɛŋkəpo də ɔ ˈkɔmər tɪl ᵛbaːkə eːn a (di ᵛnærməstə) ᵛdaːgənə

Anmeldung

Brauchen Sie unsere Ausweispapiere?
Trenger De legitimasjonspapirer?
'trɛŋər di legɪtɪma'ʃu:nspapi:rər

Ihre Pässe, bitte.
Passene Deres, takk.
'pasənə ᵛde:rəs tak

Würden Sie bitte den Anmeldeschein ausfüllen?
Vil De være snill å fylle ut denne anmeldelsesblanketten?
vɪl di ᵛvæ:rə 'snɪl oᵛfʏlə ʉ:t ᵛdɛnə 'anmɛləlsəsblaŋ'kɛtən

Ihre Unterschrift genügt, das übrige erledige ich.
Det greier seg med Deres underskrift, resten ordner jeg.
də ᵛgræjər sæj me ᵛde:rəs ᵛʉnərskrɪft 'rɛstən ᵛɔrdnər 'jæj

Den *Paß (Ausweis)* bekommen Sie in 2 bis 3 Tagen zurück.
De får *passet (legitimasjonen)* tilbake om et par dager.
di fo:r 'pasə (legitima'ʃu:nən tɪlᵛba:kə əm ət par ᵛda:gər

Die auf dem Anmeldeschein vorkommenden Ausdrücke finden Sie auf S. 69; vgl. auch S. 125.

Gepäck

Lassen Sie bitte mein Gepäck vom Bahnhof holen!
Kan De få hentet bagasjen min fra stasjonen?
kan di(:) fo ᵛhɛntət ba'ga:ʃən min fra sta'ʃu:nən

Hier ist der Gepäckschein.
Her er (reisegods)kvitteringen.
hæ:r æ:r (ᵛræjsəguts)kvɪ'te:rɪŋən

Mein Gepäck ist im Wagen.
Jeg har bagasjen i bilen.
jæj ha:r ba'ga:ʃən i 'bi:lən

Bringen Sie bitte mein Gepäck gleich aufs Zimmer!
Jeg vil gjerne få bagasjen brakt opp på rommet med en gang.
jæj vɪl ᵛjæ:rnə fo ba'ga:ʃən brakt'ɔp po 'rumə me 'e:n 'gaŋ

Ist mein Gepäck schon auf dem Zimmer?
Er min bagasje alt oppe på rommet?
æ:r mi:n ba'ga:ʃə alt ᵛɔpə po 'rumə

Wo ist mein Gepäck?
Hvor er min bagasje?
'vur æ:r 'mi:n ba'ga:ʃə

Den großen Koffer brauche ich nicht; er kann hierbleiben.
Den store kofferten trenger jeg ikke; den kan stå her.
dən ᵛstu:rə 'kufərtən 'trɛŋər jæj ᵛɪkə 'dɛn kan 'sto: 'hæ:r

Bewahren Sie bitte das Gepäck auf, bis das Zimmer frei ist.
Vil De ta vare på bagasjen til rommet er ledig?
vɪl 'di: ta: ᵛva:rə po ba'ga:ʃən tɪl 'rumə æ:r l'e:dɪ

Rezeption, Portier

Rufen Sie mir bitte ein Taxi.
Kan De skaffe meg en drosje?
kan di ᵛskafə mæj ən ᵛdrɔʃə

Hat jemand nach mir gefragt?
Har noen spurt etter meg?
ha:r ᵛnu:ən ˈspʉ:rt ᵛɛtər mæj

Ist Post für mich da?
Er det noe post til meg?
æ:r də ᵛnu:ə ˈpɔst tɪl mæj

Wenn jemand nach *mir (uns)* fragt, sagen Sie bitte, daß ...
Hvis noen spør etter *meg (oss)*, så vær så snill å si at ...
vɪs ᵛnu:ən ˈspœr ᵛɛtər mæj (ɔs) so ˈvæ:r so ˈsnɪl oˈsi: at ...

ich an der Bar bin . .	jeg er i baren	jæj æ:r i ˈba:rən
wir im Restaurant sind	vi er i restauranten	vi æ:r i rɛstəʉˈraŋən
ich gleich zurückkomme	jeg straks er tilbake	jæj ˈstraks æ:r tɪlᵛba:kə
ich um 7 Uhr zurück bin	jeg er tilbake klokka 7	jæj æ:r tɪlᵛba:kə ᵛklɔka ˈʃʉ:
***er (sie)* etwas warten möge**	*han (hun)* skal vente litt	han (hʉn) skal ᵛvɛntəlɪt

Haben Sie ein Restaurant?
Er det restaurant her?
æ:r də rɛstəʉˈraŋ hæ:r

Wo kann ich telefonieren?
Hvor kan jeg telefonere?
vur kan jæj telefuˈne:rə

Haben Sie einen Veranstaltungskalender für Oslo?
Finnes det noe ukeprogram for begivenheter i Oslo?
fɪns də ᵛnu:ə ᵛʉ:kəpruˈgram fər beˈji:vənhe:tər i ᵛuslu

Haben Sie Briefmarken?
Har De frimerker?
ha:r di(:) ˈfri:mærkər

Würden Sie bitte diese Briefe einwerfen lassen?
Kan De få postet disse brevene?
kan di fo ᵛpɔstət ᵛdɪsə ᵛbre:vənə

Können Sie dieses Telegramm aufgeben lassen?
Kan De få sendt dette telegrammet for meg?
kan di fo ˈsɛnt ᵛdɛtə teleˈgramə fər mæj

Kann ich meine Sachen hierlassen, bis ich zurückkomme?
Kan jeg la sakene mine stå her til jeg kommer tilbake?
kan jæj la: ᵛsa:kənə ᵛmi(:)nə ˈsto: hæ:r tɪl jæj ˈkɔmər tɪlᵛba:kə

Den Schlüssel, bitte!
Får jeg nøkkelen, takk!
fo:r jæj ᵛnœkələn tak

Nummer ... bitte!
Nummer ..., takk!
ˈnumər ... tak

Hausdiener

Könnten Sie mir die Schuhe putzen lassen?
Kan De få pusset skoene mine?
kan di fo ᵛpʉsət ˈsku:(ə)nə ᵛmi(:)nə

Ich möchte um ... Uhr geweckt werden.
Jeg vil gjerne vekkes klokka ...
jæj vɪl ᵛjæ:rnə ᵛvɛkəs ᵛklɔka ...

Wie ist hier die Stromspannung?
Hvilken spenning har strømmen her?
ᵛvɪlkən ᵛspɛnɪŋ ha:r ˈstrœmən hæ:r

Wer ist da?
Hvem er det?
vɛm æ:r de(:)

Könnten Sie bitte das Zimmermädchen rufen?
Kan De hente værelsepiken?
kan di ᵛhɛntə ᵛvæ:rəlsəpi:kən

Zimmermädchen

Haben Sie geläutet?
De ringte?
di ᵛrɪŋtə

Sie wünschen, bitte?
Hva ønsker De?
va: ᵛœnskər di

Bringen Sie mir bitte ...
Kan jeg få ...
kan jæj fo:

warmes Wasser ...	varmt vann	ˈvarmt ˈvan
etwas Seife	litt såpe	lɪt ᵛso:pə
noch ein Handtuch .	et håndkle til	ət ᵛhɔnkle ˈtɪl
eine Wolldecke	et ulteppe	ət ᵛʉltɛpə
eine Steppdecke....	et vatteppe	ət ˈvatɛpə
ein zweites Kopfkissen	en hodepute til	ən ᵛhu:dəpʉ:tə ˈtɪl
eine Wärmflasche ..	en varmeflaske	ən ᵛvarməflaskə
ein paar Kleiderbügel	et par kleshengere	ət par ᵛkle:shɛŋərə
das Frühstück	frokost	ˈfru:kɔst

Ich möchte *ein warmes Bad (eine Dusche)* nehmen.
Jeg har lyst på *et varmt bad (en dusj).*
jæj haːr ˈlʏst po ət ˈvarmt ˈbaːd (ən ːdʉʃ)

Wäsche und Kleiderpflege

Wo kann ich die Wäsche waschen lassen?
Hvor kan jeg få vasket tøyet?
vur kan jæj fo ˇvaskət ˈtœjə

Geben Sie bitte meine Wäsche in die Wäscherei.
Vil De sende tøyet mitt til vaskeriet?
vɪl di ˇsɛnə ˈtœjə mɪt tɪl vaskəˈriːə

Wann ist die Wäsche fertig?
Når er tøyet ferdig?
nɔr æːr ˈtœjə ˇfærdɪ

Ich brauche sie morgen.
Jeg trenger det i morgen.
jæj ˈtrɛŋər də iˇmoːrən

Diese Wäsche muß gewaschen und gebügelt werden.
Dette tøyet skal vaskes og strykes.
ˇdɛtə ˈtœjə skal ˇvaskəs ɔ ˇstryːkəs

Reinigen Sie bitte diese Kleider.
Disse kjolene skal renses.
ˇdɪsə ˇçuːlənə skal ˇrɛnsəs

Dies ist nicht gut *gewaschen (gebügelt).*
Dette er ikke ordentlig *vasket (strøket).*
ˇdɛtə æːr ˇɪkə ˈɔrntlɪ ˇvaskət (ˇstrøːkət)

Es fehlt ...
Det mangler ...
də ˇmaŋlər

Das gehört mir nicht.
Det er ikke mitt.
deː æːr ˇɪkə mɪt

Hier fehlt ein Knopf.
Her mangler det en knapp.
hæːr ˇmaŋlər də ən knap

Nähen Sie mir bitte diesen Knopf an!
Vær snill å sy i denne knappen for meg!
væːrˈsnɪl oˇsyːi ˇdɛnə ˈknapən fɔr mæj

Können Sie mir bitte dieses Loch stopfen?
Kan De stoppe dette hullet for meg?
kan di ˇstɔpə ˇdɛtə ˈhʉlə fɔr mæj

Das darf nicht gekocht werden.
Det må ikke kokes.
deː mo ˇɪkə ˇkuːkəs

Lassen Sie mir bitte dieses Kleid *aufbügeln (reinigen).*
Kan De *stryke (rense)* denne kjolen for meg?
kan di ᵛstry:kə (ᵛrɛnsə) ᵛdɛnə ᵛçu:lən fər mæj

Dieser Anzug muß chemisch gereinigt werden.
Denne dressen skal ha kjemisk rensing.
ᵛdɛnə ˈdrɛsən skal ha(:) ˈçe:mɪsk ᵛrɛnsɪŋ

Beanstandungen

Das Rohr ist undicht.
Røret lekker.
ˈrø:rə ˈlɛkər

Der Hahn tropft.
Kranen drypper.
ˈkra:nən ˈdrʏpər

Der Abfluß ist verstopft.
Avløpet er tett.
ᵛa:vlø:pə æ:r ˈtɛt

In meinem Zimmer ist kein Licht.
Det er ikke lys på mitt værelse.
də æ:r ᵛɪkə ˈly:s po ˈmɪt ᵛvæ:rəlsə

Die Lampe brennt nicht.
Lampen lyser ikke.
ᵛlampən ᵛly:sər ᵛɪkə

Der Schlüssel schließt nicht.
Nøkkelen låser ikke.
ᵛnœkələn ᵛlo:sər ᵛɪkə

Die Klingel geht nicht.
Ringeklokken virker ikke.
ᵛrɪŋəkləkən ᵛvɪrkər ᵛɪkə

Das Fenster *schließt schlecht (läßt sich nicht öffnen).*
Vinduet går ikke *ordentlig igjen (opp).*
ᵛvɪndʉə go:r ᵛɪkə ˈərntlɪ ɪˈjɛn (əp)

Die Heizung funktioniert nicht.
Radiatoren virker ikke.
radɪˈa:tu:rən ᵛvɪrkər ᵛɪkə

Es kommt kein warmes Wasser.
Det kommer ikke noe varmt vann.
də ˈkəmər ᵛɪkə ᵛnu:ə varmt van

Ich möchte den *Direktor (Hotelbesitzer)* sprechen.
Jeg vil gjerne få snakke med *direktøren (hotelleieren).*
jæj vɪl ᵛjæ:rnə fo ᵛsnakə me direkˈtø:rən (huˈtɛlæjərən)

Abreise

Ich reise *heute abend (morgen früh)* ab.
Jeg reiser *i kveld (i morgen tidlig).*
jæj ᵛræjsər iˈkvɛl (iᵛmo:rən ᵛti:lɪ)

Wir reisen morgen ab.
Vi reiser i morgen.
vi ᵛræjsər iᵛmo:rən

Ist meine Rechnung fertig?
Er min regning klar?
æ:r mi:n ᵛræjnɪŋ kla:r

Machen Sie mir bitte die Rechnung fertig.
Vil De være snill å gjøre regningen ferdig?
vıl di ˇvæ:rə 'snıl oˇjø:rə ˇræjnıŋən ˇfærdı

Lassen Sie bitte das Gepäck holen.
Kan De hente bagasjen?
kan di ˇhɛntə ba'ga:ʃən

Ist das Taxi da?
Er drosjen kommet?
æ:r ˇdrɔʃən ˇkɔmət

Können Sie mir das Gepäck zum Bahnhof bringen lassen?
Kan De få brakt bagasjen til stasjonen for meg?
kan di fo 'brakt ba'ga:ʃən tıl sta'ʃu:nən fɔr mæj

Hoffentlich waren Sie zufrieden!
Jeg håper De har vært fornøyd med oppholdet.
jæj ˇho:pər di ha:r vært fɔr'nœjd me ˇɔphɔlə

Das ist für Sie!
Det er til Dem!
'de: æ:r tıl 'dɛm

Gute Reise!
God reise!
gu: ˇræjsə

Camping

Gibt es hier in der Nähe einen Zeltplatz?
Er det noen campingplass her i nærheten?
æ:r də ˇnu:ən 'kæmpıŋplas hæ:r i 'næ:rhe:tən

Ist der Platz nachts bewacht?
Er det nattevakt på plassen?
æ:r də ˇnatəvakt po 'plasən

Kann man das Wasser trinken?
Kan vannet drikkes?
kan 'vanə ˇdrıkəs

Wo kann ich den Wagen lassen?
Hvor kan jeg sette bilen?
vur kan jæj ˇsɛtə 'bi:lən

Wo ist der Aufseher?
Hvor er vakten?
vur æ:r 'vaktən

Wieviel zahlt man für das *Zelten (Parken)*?
Hvor mye koster det å *slå opp telt (parkere)*?
vur ˇmy:ə ˇkɔstər də oˇslo:ɔp 'tɛlt (par'ke:rə)

Wo kann ich *waschen (plätten)*?
Hvor kan jeg *vaske (stryke)*?
vur kan jæj ˇvaskə (ˇstry:kə)

Wie hoch ist die Leihgebühr?
Hvor stor er leien?
vur 'stu:r æ:r ˇlæjən

Wird hier *Milch (Brot)* verkauft?
Er det *melk (brød)* å få kjøpt her?
æ:r də 'mɛlk (brø:) o fo 'çœpt hæ:r

Wo bekomme ich ...?
Hvor kan jeg få ...?
vur kan jæj fo:

Ist hier in der Nähe ein *Bäcker (Lebensmittelgeschäft)*?
Er det noen *baker (kolonial)* her i nærheten?
æːr də ᵛnuːən ᵛbaːkər (kuluni'aːl) hæːr i 'næːrheːtən

Wörter

Abfluß	avløp, -et, -	ᵛaːvløːp
anzahlen	betale på forhånd	be'taːlə po ᵛfərhən
Anzahlung	forskuddsbeløp, -et,-	ᵛfərskʉdsbe'løːp
Aschenbecher	askebeger, -et, -	ᵛaskəbeːgər
Ausgang	utgang, -en, -er	ᵛʉːtgaŋ
ausziehen	kle av seg	ᵛkleːaː(v) sæj
Bad(ezimmer)	bad, -et, -	baːd
Balkon	balkong, -en, -er	bal'kəŋ
Bedienung	betjening, -en	be'tjeːnɪŋ
Beleuchtung	belysning, -en, -er	be'lyːsnɪŋ
Bett	seng, -a, -er	sɛŋ
– Bettbezug	dynetrekk, -et, -	ᵛdyːnətrɛk
– Bettdecke	sengeteppe, -t, -r	ᵛsɛŋətɛpə
– Bettlaken	laken, -et, -	'laːkən
– Bettvorleger	sengeforligger,-en,-e	ᵛsɛŋəfərlɪgər
– Bettwäsche	sengetøy, -et	ᵛsɛŋətœj
– Kissen	pute, -a, -er	ᵛpʉːtə
– Kissenbezug	putevar, -et, -	ᵛpʉːtəvaːr
– Kopfkissen	hodepute, -a, -er	ᵛhuːdəpʉːtə
– Matratze	madrass, -en, -er	mad'ras
– Wolldecke	ullteppe, -t, -r	ᵛʉltɛpə
Dachterrasse	takterrasse, -n, -r	ᵛtaːktæ'rasə
Decke *(Zimmer-)*	*(gulv)*teppe, -t, -r	ᵛgʉlvtɛpə
Diele	forstue, -n, -r	ᵛfərstʉːə
Eimer	bøtte, -a, -er	ᵛbœtə
Eingang	inngang, -en, -er	ᵛɪngaŋ
Empfangschef	portier, -en, -er	ᵛpurt'jeː
Fahrstuhl	heis, -en, -er	hæjs
Fenster	vindu, -et, -er	ᵛvɪndʉ
– Fensterladen	vindusskodde, -a, -er	ᵛvɪndʉskədə
– Fensterscheibe	vindusrute, -a, -er	ᵛvɪndʉsrʉːtə
– Fenstervorhang	fortrekksgardin, -et, -er	ᵛfərtrɛksgar'diːn
Garage	garasje, -n, -r	ga'raːʃə

Garten	hage, -n, -r	ˇhaːgə
Gasthof	gjestgiveri, -et, -er	ˇjɛstjiːvəriː
Geschäftsführer	administrerende direktør	admini'streːrenə di-rɛk'tøːr
Geschoß	etasje, -n, -r	e'taːʃə
– Dachgeschoß	loftsetasje, -n, -r	ˇlɔftse'taːʃə
– Erdgeschoß	1. etasje	ˇfœrstə e'taːʃə
Halle	hall, -en, -er	hoːl (hal)
– Vorhalle	vestibyle, -n, -r	vɛstɪˇbyːlə
Haus	hus, -et, -	hʉːs
– Bungalow	bungalow, -en, -er	'bʉŋgaləv
– Hochhaus	blokk, -en, -er	blɔk
– Sommerhaus	hytte, -a, -er	ˇhʏtə
Hausangestellte	hushjelp, -en, -er	ˇhʉːsjɛlp
Hausherr	herren i huset	ˇhærən i 'hʉːsə
Hausherrin	fruen i huset	ˇfrʉːən i 'hʉ'sə
Hausnummer	husnummer, -et, -	ˇhʉːsnumər
Heizkörper	ovn, -en, -er	ɔvn
Herd	komfyr, -en, -er	kum'fyːr
Hotel	hotell, -et, -er	hu'tɛl
Kamin	peis, -en, -er	pæjs
Kammer	kammer(s), -et, -	'kamər(s)
– Speisekammer	spiskammer(s)	'spi(ː)skamər(s)
Keller	kjeller, -en, -e	ˇçɛlər
Kleiderhaken	knagg, -en, -er	knag
Klingel	ringeklokke, -a, -er	ˇrɪŋəklɔkə
Klosett	klosett, -et, -er	klu'sɛt
Kommode	kommode, -n, -r	kuˇmuːdə
Korridor	korridor, -en, -er	kuri'duːr
Küche	kjøkken, -et, -er	'çœkən
Kündigung	oppsigelse, -n, -r	'ɔpsiːgəlsə
Lampe	lampe, -a, -er	ˇlampə
– Nachttischlampe	nattbordlampe	ˇnatbuːrlampə
Licht	lys, -et, -	lyːs
– elektrisches Licht	elektrisk lys	e'lɛktrɪsk lyːs
Lichtschalter	bryter, -en, -e	ˇbryːtər
Lüftung	ventilasjon, -en, -er	vɛntila'ʃuːn

Miete	leie, -n, -r	ᵛlæjə
Mieter	leieboer, -en, -e	ᵛlæjəbuːər
Ofen	ovn, -en, -er	ɔvn
Papierkorb	papirkurv, -en, -er	pa'piːrkʉrv
Pension	pensjonat, -et, -er	paŋʃu'naːt
Pförtner, Portier	dørvakt, -a, -er	ᵛdøːrvakt
Plätteisen	strykejern, -et, -	ᵛstryːkəjæːrn
Rechnung	regning, -en, -er	ᵛræjnɪŋ
Regal	hylle, -a, -er	ᵛhʏlə
reinigen	rense	ᵛrɛnsə
Saal	sal, -en, -er	saːl
Schloß *(Tür-)*	lås, -en, -er	loːs
– Sicherheitsschloß	sikkerhetslås	'sɪkərheːtsloːs
Schlüssel	nøkkel, -en, -kler	ᵛnœkəl
– Hausschlüssel	portnøkkel	ᵛpurtnœkəl
Schrank	skap, -et, -	skaːp
– Bücherschrank	bokskap	ᵛbuːkskaːp
– Kleiderschrank	klesskap	ᵛkleːskaːp
– Kühlschrank	kjøleskap	ᵛçøːləskaːp
– Wandschrank	veggskap	ᵛvɛgskaːp
Schublade	skuff, -en, -er	skuf
Sessel	lenestol, -en, -er	ᵛleːnəstuːl
Speisesaal	spisesal, -en, -er	ᵛspiːsəsaːl
Spiegel	speil, -et, -	spæjl
Steckdose	stikkontakt, -en, -er	'stɪkun'takt
Stecker	støpsel, -et, -er	'stœpsəl
Stockwerk	etasje, -n, -r	e'taːʃə
– 1. Stockwerk	2. etasje	ᵛaːən e'taːʃə
Stuhl	stol, -en, -er	stuːl
– Liegestuhl	liggestol	ᵛlɪgəstuːl
Teppich	teppe, -t, -r	ᵛtɛpə
Terrasse	terrasse, -n, -r	tæ'rasə
Tisch	bord, -et, -	buːr
– Nachttisch	nattbord	ᵛnatbuːr
– Schreibtisch	skrivebord	ᵛskriːvəbuːr
– Waschtisch	vaskeservant, -en, -er	ᵛvaskəsær'vant
Tischtuch	duk, -en, -er	dʉːk

Toilettenpapier	toalettpapir, -et	tua'lɛtpa'piːr
Topf	gryte, -a, -er	ᵛgryːtə
Treppe	trapp, -a, -er	trap
Trinkgeld	drikkepenger	ᵛdrɪkəpɛŋər
Tür	dør, -a, -er	døːr
– Haustür	inngangsdør	ᵛɪngaŋsdøːr
Türklinke	klinke, -n, -r	ᵛklɪŋkə
Ventilator	lufteluke, -a, -er	ᵛlʉftəlʉːkə
vermieten	leie ut	ᵛlæjə ʉːt
Vorhang	gardin, -et, -er	gar'diːn
Wand	vegg, -en, -er	vɛg
Waschbecken	vask, -en, -er	vask
Wäsche	vasketøy, -et	ᵛvaskətœj
Wasser	vann, -et	van
– frisches	fersk-	'færsk-
– fließendes	rinnende	ᵛrɪnənə
– kaltes	kaldt	kalt
– warmes	varmt	varmt
– Trinkwasser	drikkevann	ᵛdrɪkəvan
Wasserhahn	vannkran, -a, -er	ᵛvankraːn
wohnen	bo	buː
Wohnung		
(= Aufenthaltsort)	bopel, -en, -er	ᵛbuːpeːl
(= Heim)	hjem, -met	jɛm
(= Wohnräume) ..	leilighet, -en, -er	ᵛlæjlɪheːt
– möblierte	møblert	mœb'leːrt
Wohnwagen	campingvogn, -a, -er	'kæmpɪŋvɔŋn
Zähler	måler, -en, -e	ᵛmoːlər
Zimmer	rom, -met, -, værelse, -t, -r	rum, ᵛvæːrəlsə
– Badezimmer	bad, -et, -	baːd
– Fremdenzimmer ..	gjesteværelse, -rom	ᵛjɛstəvæːrəlsə, -rum
– Kinderzimmer ...	barneværelse, -rom	ᵛbaːrnəvæːrəlsə, -rum
– Schlafzimmer	soveværelse, -rom	ᵛsoːvəvæːrəlsə, -rum
– Wohnzimmer	stue, -a, -er	ᵛstʉːə
Zimmerkellner	værelsekelner, -en, -e	ᵛvæːrəlsəkɛlnər
Zimmermädchen ...	værelsepike, -n, -r	ᵛvæːrəlsəpiːkə
Zimmertelefon	værelsetelefon, -en, -er	ᵛvæːrəlsətele'fuːn

ESSEN

Restaurant und Hotel

Kann man hier im Hotel essen?
Kan man spise her på hotellet?
kan man ᵛspiːsə hæːr po hu'tɛlə

Ist hier in der Nähe ein Restaurant?
Er det en restaurant her i nærheten?
æːr də ən rɛstəʉ'raŋ hæːr i 'næːrheːtən

Kennen Sie ein gutes Spezialitäten-Restaurant?
Vet De om en god restautant som er kjent for sine spesialiteter?
veːt di 'ɔm ən guː rɛstəʉ'raŋ səm æːr 'çɛnt fər ᵛsiːnə spesiali'teːtər

Um wieviel Uhr wird gefrühstückt?
Hva tid er det frokost?
va(ː) 'tiːd æːr də 'fruːkəst

Wo wird gefrühstückt?
Hvor serveres frokosten?
vur sær'veːrəs 'fruːkəstən

Um wieviel Uhr wird zu *Mittag (Abend)* gegessen?
Hva tid er det *middag (aftensmat)*?
vaː 'tiː(d) æːr də 'mɪdaː(g) (ᵛaftənsmaːt)

oder:

Hva tid er det *lunch (middag)*?
vaː 'tiː(d) æːr də 'lœnʃ ('mɪdaː[g])

Ich möchte etwas essen.
Jeg vil gjerne ha noe å spise.
jæj vɪl ᵛjæːrnə haː ᵛnuːə oᵛspiːsə

Ich habe schon gegessen.
Jeg har allerede spist.
jæj haːr 'aləreːdə spiːst

Würden Sie mir die Freude machen, mit mir zu essen?
Ville De gjøre meg den glede å spise med meg?
ᵛvɪlə di ᵛjøːrə mæj 'dɛn ᵛgleːdə oᵛspiːsə me 'mæj

Haben Sie einen *Platz (Tisch)* frei?
Er det *noen plass (noe bord)* ledig?
æːr də ᵛnuːən plas (ᵛnuːə buːr) ᵛleːdɪ

Bedienen Sie hier?
Serverer De her?
sær'veːrər diː hæːr

Herr Ober!
Kelner!
'kɛlnər

Fräulein!
Frøken!
'frøːkən

Wer bedient hier?
Hvem serverer her?
vɛm sær'veːrər hæːr

Was wünschen Sie?
Hva ønsker De?
va: ᵛœnskər di(:)

Was wünschen die Herrschaften?
Hva ønsker herskapet?
va: ᵛœnskər ᵛhærska:pə

Wir möchten ...
Vi vil gjerne ha ...
vi: vɪl ᵛjæ:rnə ha:

Bringen Sie uns ...
Gi oss ...
ji: ɔs

Ich nehme ...
Jeg tar ...
jæj ta:r

Wieviel macht es zusammen?
Hvor meget blir det?
vur ᵛme:gət bli:r de(:)

Behalten Sie den Rest.
De kan beholde resten.
di: kan beˈhɔlə ˈrɛstən

Das ist für Sie!
Det er til Dem!
de: æ:r tɪl ˈdɛm

Die Zeiten und die Bezeichnungen für die Mahlzeiten sind verschieden: In Städten und größeren Hotels: **Lunch** *um* 13 *bis* 14 *Uhr,* **middag** *(warm) um* 17—20 *Uhr. Auf dem Lande und in einfacheren Gasthäusern:* **Middag** *(warm) um* 13—15 *Uhr,* **aftens(mat)** *um* 18—20 *Uhr.*

Café und Konditorei

Entschuldigen Sie, ist dieser *Tisch (Platz)* frei?
Unnskyld, er *dette bordet (denne plassen)* ledig?
ˈʉnʃʏl æ:r ᵛdɛtə ˈbu:rə (ᵛdɛnə ˈplasən) ᵛle:dɪ

Kafé (Café) -en, -er	kaˈfe:	**Café**
Konditori, -et, -er	kundɪtuˈri:	**Konditorei**

Blätterteig	butterdeig, -en, -er	ˈbʉtərdæj(g)
Buttergebäck	smørbakkels, -en	ᵛsmœrbakəls
Eis	is, -en, -er	i:s
– **Erdbeereis**	– jordbæris	ˈjurbæ:ri:s
– **Fruchteis**	– fruktis	ˈfrʉkti:s
– **Pfirsicheis**	– ferskenis	ˈfærskəni:s
– **Sahneeis**	– fløteis	ᵛflø:təi:s
– **Schokoladeneis** ...	– sjokoladeis	ʃukuᵛla:dəi:s
– **Softeis**	– softice	ˈsɔftajs
– **Vanilleeis**	– vaniljeis	vaᵛnɪljəi:s

– Zitroneneis	– sitronis	sɪt'runiːs
Eiswaffeln	isvafler	ᵛiːsvaflər
Früchte, kandierte	frukter, kandiserte	ᵛfruktər kandɪ'seːrtə
Gebäck	bakverk, -et, -	ᵛbaːkværk
– Mandelgebäck	mandelkaker	'mandəlkaːkər
– Mürbegebäck	mørdeigskaker	'møːrdæj(g)skaːkər
– Zuckergebäck	marengs	ma'rɛŋs
Kaffee	kaffe, -n	'kafə
– schwarz, gesüßt	svart, sukret	svart ᵛsukrət
– schwarz, ungesüßt	svart, uten sukker	svart ᵛuːtən 'sukər
– mit Milch	med melk	me 'mɛlk
– mit Milch und Zucker	med melk og sukker	me 'mɛlk ɔ 'sukər
Kakao	kakao, -en	ka'kaːu
Kuchen	kake, -n, -r	ᵛkaːkə
– ein Stück Kuchen	et stykke kake	ət ᵛstʏkə ᵛkaːkə
– Kirschkuchen	kirsebærkake	'çɪrsəbæːrkaːkə
– Leb-,Pfefferkuchen	pepperkake, -en, -er	ᵛpɛpərkaːkə
– Makrone	makron, -en, -er	mak'ruːn
– Mandelkuchen	mandelkake	'mandəlkaːkə
– Obstkuchen	fruktkake	'fruktkaːkə
– Pflaumenkuchen	plommekake	ᵛpluməkaːkə
– Sandkuchen	sandkake	ᵛsankaːkə
Milch	melk, -en	mɛlk
– frische	frisk	frɪsk
– kalte / warme	kald / varm	kal / varm
Milchreis	risengrynsgrøt, -en	'riːsəngryːnsgrøːt
Portion	porsjon, -en, -er	pur'ʃuːn
Pudding	pudding, -en, -er	'pudɪŋ
Sahne	fløte, -en	ᵛfløːtə
– Schlagsahne	fløtekrem, -en	ᵛfløːtəkreːm
Süßigkeiten	søtsaker	ᵛsøːtsaːkər
Tee	te, -en	teː
– schwarzer	– svart	svart
– starker	– sterk	stærk
– mit Rum	– med rom	me 'rum
– mit Zitrone	– med sitron	me sɪt'ruːn
Torte	bløtkake, fylt kake, -n, -er	ᵛbløːtkaːkə, fʏlt ᵛkaːkə
Zucker	sukker, -et	'sukər

Spezialitäten:

flatbrød, -et	ˈflatbrøː	**Fladenbrot**
hjortetakk, -en, -er	ᵛjurtətak	**Hirschhorngebäck**
knekkebrød, -et	ᵛknɛkəbrøː	**Knäckebrot**
kransekake, -n, -r	ᵛkransəkaːkə	**Makronentorte**
kråtekake, -n, -r	ᵛkroːtəkaːkə	**weiches Fladenbrot**
lefse, -a, -r	ᵛlɛfsə	**weiches Fladenbrot**
lumpe, -a, -r	ᵛlumpə	**Kartoffelkuchen**
smultring, -en, -er	ᵛsmʉltrɪŋ	***ringförmiges Schmalzgebäck***

Frühstück

Herr Ober, bringen Sie uns ...
Kelner, kan vi få ...
ˈkɛlnər kan vi foː ...

Ich möchte ...
Jeg vil gjerne ha ...
jæj vɪl ᵛjæːrnə haː ...

***eine Tasse (ein Kännchen)* Kaffee, Brötchen, Butter und Marmelade.**
en kopp (en kanne) kaffe, rundstykker, smør og marmelade.
ən kɔp (ən ᵛkanə) ˈ kafə ˈrʉnstʏkər smœr ɔ marməᵛlaːdə

einige Scheiben Toast und frische Butter.
noen skiver ristet brød og smør.
ᵛnuːən ᵛʃiːvər ᵛrɪstət brøː ɔ smœr

Kaffee, Milch, Tee siehe S. 87

Ei	egg, -et, -	ɛg
– ein hartes Ei	et hardkokt egg	ət ᵛhaːrkukt ɛg
– ein weiches Ei	et bløtkokt egg	ət ᵛbløːtkukt ɛg
– ein Spiegelei	et speilegg	ət ᵛspæjlɛg
– Rühreier	eggerøre, -n	ᵛɛgərøːrə
Käse	ost, -en, -er	ust
– Ziegenkäse	geitost	ᵛjæjtust
Honig	honning, -en	ᵛhɔnɪŋ
Konfitüre	syltetøy, -et	ᵛsʏltətœj
Brot	brød, -et, -	brøː
– Brötchen	rundstykke, -t, -r	ˈrʉnstʏkə
– Schwarzbrot	dansk rugbrød, -et, -	dansk ᵛrʉːgbrøː
– Weißbrot	loff, -en, -er	luf
Hörnchen	horn, -et, -	huːrn
Zwieback	kavring, -en, -er	ᵛkavrɪŋ

Mittag- und Abendessen

Was gibt es?
Hva kan man få?
va: kan man fo:

Was empfehlen Sie *mir (uns)*?
Hva kan De anbefale *meg (oss)*?
va: kan di 'anbefa:lə mæj (əs)

Haben Sie ein *Menü (Gedeck)*?
Har De dagens rett?
ha:r di 'da:gəns 'rɛt

Ich esse lieber nach der Karte.
Jeg vil heller spise à la carte.
jæj vɪl 'hɛlər ᵛspi:sə ala'kart

Bringen Sie mir bitte die Speisekarte.
Kan De være så snill å gi meg spiseseddelen.
kan di ᵛværə so'snɪl o'ji: mæj ᵛspi:səsɛdlən

Bringen Sie ...
Gi meg ...
ji: mæj ...

Ich habe es sehr eilig.
Jeg har det veldig travelt.
jæj ha:r də ᵛvɛldɪ 'tra:vəlt

Was können Sie sofort bringen?
Hva kan jeg få med én gang?
va: kan jæj fo: me e:n 'gaŋ

Ich möchte nur eine Kleinigkeit essen.
Jeg vil bare ha lite grann å spise.
jæj vɪl ᵛba:rə ha ᵛlɪtəgran oᵛspi:sə

Ich esse kein Fleisch.
Jeg spiser ikke kjøtt.
jæj 'spi:sər ᵛɪkə çœt

Wird es lange dauern?
Vil det ta lang tid?
vɪl də ta: 'laŋ 'ti:d

Kann ich vielleicht sehen, was das ist?
Kan jeg kanskje få se hva det er?
kan jæj ᵛkanʃə fo'se: va: də æ:r

Gibt es eine Spezialität des Ortes?
Finnes det noen spesialrett fra dette stedet?
fɪns də ᵛnu:ən spesɪ'a:lrɛt fra(:) ᵛdɛtə 'ste:də

Mögen Sie ...?
Liker De ...?
'li:kər di

Wollen Sie ... haben?
Vil De ha ...?
vɪl di ha(:)

Wollen Sie vielleicht lieber ...?
Vil De kanskje heller ...?
vɪl di ᵛkanʃə 'hɛlər

Sie können ... bekommen.
De kan få ...
di kan fo(:)

Möchten Sie noch etwas?
Vil De ha noe mer?
vɪl di ha: ᵛnu:ə me:r

Waren Sie zufrieden?
Smakte det?
ᵛsmaktə də

Wieviel macht es?
Hvor meget blir det?
vur ᵛme:gət bli:r de:

Die Rechnung, bitte!
Kan jeg få regningen!
kan jæj fo ᵛræjnɪŋən

Tischgespräch

Guten Appetit!
Velbekomme!
'vɛl bə'kɔmə

Danke, gleichfalls.
Takk, i like måte.
tak i ᵛli:kə ᵛmo:tə

Greifen Sie zu!
Vær så god, forsyn Dem.
'værso'gu: fɔr'sy:n dəm

Lassen Sie sich nicht nötigen!
La meg ikke måtte nøde Dem.
la: mæj ᵛɪkə ᵛmɔtə ᵛnø:də dəm

Bemühen Sie sich nicht!
Lag ikke noe bry for min skyld.
la:g ᵛɪkənu 'bry: fɔr 'mi:nʃʏl

Nehmen Sie noch etwas hiervon?
Vil De ha litt mer av dette?
vɪl di ha: lɪt me:r a ᵛdɛtə

Dieses Gericht ist ausgezeichnet.
Denne retten er veldig god.
ᵛdɛnə 'rɛtən æ(:)r ᵛvɛldɪ 'gu:

Es schmeckt mir.
Det smaker deilig.
də ᵛsma:kər ᵛdæjlɪ

Würden Sie mir bitte ... reichen?
Kan De være så snill å sende meg ...?
kan di ᵛvæ:rə so'snɪl oᵛsɛnə mæj

Ich bin fertig.
Jeg er forsynt.
jæj æ(:)r fɔr'sy:nt

Darf ich Ihnen etwas Wein einschenken?
Får jeg lov å skjenke i litt vin?
fo:r jæj 'lo:v oᵛʃɛŋkəi lɪt 'vi:n

Nur ein wenig.
Bare lite grann.
ᵛba:rə ᵛli(:)tə 'gran

Trinken Sie Ihr Glas aus!
Drikk ut glasset Deres!
ᵛdrɪkʉ:t 'glasə ᵛde:rəs

Schmeckt Ihnen dieser Wein?
Liker De denne vinen?
'li:kər di ᵛdɛnə 'vi:nən

Prost!
Skål!
sko:l

Nehmen Sie noch etwas?
Vil De ha litt mer?
vɪl di ha: lɪt 'me:r

Ja, gern.
Ja takk, gjerne.
'ja:tak ᵛjæ:rnə

Danke, es ist mir unmöglich.
Takk, men jeg kan ikke mer.
tak mɛn jæj 'kan ᵛɪkə me:r

Nichts mehr, danke.
Nei takk, ikke mer.
'næj 'tak ᵛɪkə me:r

Tischgerät

Becher	beger, -et, -	ˈbeːgər
Besteck	bestikk, -et, -	beˈstɪk
Brotkorb	brødfat, -et, -	ˇbrøːfaːt
Eierbecher	eggeglass, -et, -	ˇɛgəglas
Essig- und Ölständer	stativ for eddik og olje	staˈtiːv fər ˇɛdɪk ə ˇəljə
Flasche	flaske, -n, -r	ˇflaskə
Gabel	gaffel, -ffelen, -fler	ˈgafəl
Gedeck	kuvert, -en, -er	kʉˈvæːr
Glas *(Trink-)*	glass, -et, -	glas
Kanne	kanne, -nna, -r	ˇkanə
– Kaffeekanne	kaffekanne	ˈkafəkanə
– Milchkännchen	melkemugge, -n, -r	ˇmɛlkəmʉgə
– Teekanne	tekanne, -nna, -r	ˈteːkanə
Karaffe	karaffel, -ffelen, -fler	kaˈrafəl
Korkenzieher	korketrekker, -en, -e	ˇkərkətrɛkər
Löffel	skje, -en, -er	ʃeː
– Teelöffel	teskje, -en, -er	ˈteːʃeː
Messer	kniv, -en, -er	kniːv
Nußknacker	nøtteknekker, -en, -e	ˇnœtəknɛkər
Salznapf	saltkar, -et, -	ˇsaltkaːr
Schüssel	skål, -en, -er	skoːl
– Salatschüssel	salatbolle, -n, -r	saˈlaːtbələ
– Suppenschüssel	suppeterrin, -en, -er	ˇsʉpətæriːn
Senfnäpfchen	sennepsglass, -et, -	ˇsɛnəpsglas
Serviette	serviett, -en, -er	særvɪˈɛt
Sieb	sil, -en, -er	siːl
Tablett	brett, -et, -	brɛt
Tasse	kopp, -en, -er	kəp
– Kaffeetasse	kaffekopp, -en, -er	ˈkafəkəp
– Teetasse	tekopp, -en, -er	ˈteːkəp
Teller	tallerken, -en, -er	taˈlærkən
– kleiner Teller	asjett, -en, -er	aˈʃɛt
Tischtuch	bordduk, -en, -er	ˇbuːrdʉːk
Untertasse	skål, -en, -er	skoːl
Zahnstocher	tannstikker, -en, -e	ˇtanstɪkər
Zuckerdose	sukkerskål, -en, -er	ˇsukərskoːl

Zubereitung

Wie möchten Sie das Fleisch haben?
Hvordan vil De ha kjøttet?
'vurdan vıl di ha: 'çœtə

Gut durchgebraten.
Godt gjennomstekt.
'gɔt ˇjɛnɔmstɛkt

Wenig gebraten.
Lite stekt.
li:tə 'stɛkt

Fett.
Fett.
fɛt

Mager.
Magert.
'ma:gərt

***Mit (Ohne)* Soße.**
Med (uten) saus.
me: (ˇʉ:tən) səʉs

Mit Olivenöl und Zitronensaft.
Med olivenolje og sitronsaft.
me u'li:vənɔljə ɔ sıt'ru:nsaft

Ohne Essig.
Uten eddik.
ˇʉ:tən ˇɛdık

Mit wenig Salz und etwas Pfeffer.
Med ganske lite salt og litt pepper.
me ˇganskə ˇli:tə salt ɔ 'lıt 'pɛpər

frisch	fersk	færsk
gebacken	bakt	bakt
gebraten	stekt	stɛkt
– am Spieß	på spidd	po 'spıd
– vom Grill	grillstekt	'grılstɛkt
gedünstet	dampkokt	'dampkukt
gefüllt	fylt	fʏlt
gekocht	kokt	kukt
gepökelt	nedsaltet	'ne:dsaltət
geröstet	ristet	ˇrıstət
gesalzen	saltet	ˇsaltət
getrocknet	tørket	ˇtœrkət
gewürzt	krydret	ˇkrʏdrət
hart / weich	hard / bløt	ha:r / blø:t
heiß / kalt	varm / kald	varm / kal
roh	rå	ro:
saftig	saftig	ˇsaftı
zäh / mürbe	seig / mør	sæjg / mø:r
zart	mør	mø:r

Zutaten

Beilage	tillegg, -et	ᵛtɪlɛg
Butter	smør, -et	smœr
Dill	dill	dɪl
Essig	eddik, -en	ᵛɛdɪk
Fett	fett, -et	fɛt
Gelee	gele, -en, -er	ʃe'leː
Gewürz	krydder, -et, -ne	'krʏdər
Gurke	agurk, -en, -er	a'gʉrk
– Essiggurke	sylteagurk, -en, -er	ᵛsʏltəa'gʉrk
– saure Gurke	sur agurk, -en, -er	'sʉːr a'gʉrk
Kapern	kapers, -en	'kaːpərs
Knoblauch	hvitløk, -en	ᵛviːtløːk
Korinthen	korinter	ku'rɪntər
Kümmel	karve	ᵛkarvə
Lauch (Porree)	purreløk, -en	ᵛpʉrəløːk
Lorbeerblätter	laurbærblader	'ləʉrbæːrblaː(d)ər
Mayonnaise	majones, -en, -er	maju'neːs
Meerrettich	pepperrot, -en	ᵛpɛpəruːt
Muskatnuß	muskatnøtt, -en	mʉs'ka(ː)tnœt
Nelken	nellik	'nɛlɪk
Öl	olje, -n, -r	ᵛɔljə
– Olivenöl	olivenolje	u'liːvənɔljə
Petersilie	persille	pærᵛsɪlə
Pfeffer	pepper	'pɛpər
Pistazie	pistasienøtt	pɪs'taːsɪənœt
Rosinen	rosiner	ru'siːnər
Rosmarin	rosmarin	rusma'riːn
Salz	salt, -et	salt
Schnittlauch	gressløk, -en	ᵛgrɛsløːk
Senf	sennep, -en	ᵛsɛnəp
Soße	saus, -en, -er	səʉs
Tunke	sky, -en	ʃyː
– Rahmsoße	fløtesaus, -en	ᵛfløːtəsəʉs
– Kapernsoße	kaperssaus, -en	'kaːpərsəʉs
– Tomatensoße	tomatsaus, -en	tu'maːtsəʉs
Speck	bacon	'beːkən
Zimt	kanel	ka'neːl
Zitrone	sitron, -en, -er	sɪt'ruːn
Zwiebeln	løk, -en, -	løːk

Forretter	ˈfɔrɛtər	Vorspeisen
brisling, -en	ˈbrɪslɪŋ	norw. Sardine
butterdeigpostei, -en, -er	ˈbuttərdæjpusˈtæj	Blätterteigpastete
fiskesalat	ˈfɪskəsaˈlaːt	Fischsalat
fisk i aspik	fɪsk i ˈaspɪk	Fisch in Aspik
gåseleverpostei, -en	ˈgoːsəle(ː)vərpusˈtæj	Gänseleberpastete
hønsesalat	ˈhœnsəsaˈlaːt	Geflügelsalat
kaldt kjøtt	kalt çœt	kaltes Fleisch
kaviar	kavɪˈaːr	Kaviar
krabber	ˈkrabər	Krabben
kreps, -en, -er	krɛps	Krebse
leverpølse.........	ˈle(ː)vərpœlsə	Leberwurst
pålegg, -et, -	ˈpoːlɛg	Aufschnitt
pølse, -n, -r	ˈpœlsə	Wurst
reker	ˈreːkər	Garnelen (Krabben)
salami...........	saˈlaːmɪ	Salami
salat, -en, -er	saˈlaːt	Salat
sardiner i olje	sarˈdiːnər i ˈɔljə	Ölsardinen
servelatpølse	særvəˈlaːtpœlsə	Zervelatwurst
sildesalat	ˈsɪldəsaˈlaːt	Heringssalat
skinke, -n, -r	ˈʃɪŋkə	Schinken

Supper	ˈsʉpər	Suppen
betasuppe, -n	ˈbeːtasʉpə	Gemüsesuppe mit Fleisch
bønnesuppe, -n ...	ˈbœnəsʉpə	Bohnensuppe
ertersuppe, -n	ˈærtə(r)sʉpə	Erbsensuppe
fiskesuppe, -n	ˈfɪskəsʉpə	Fischsuppe
grønnsaksuppe, -n .	ˈgrœnsaːksʉpə	Gemüsesuppe
havregrøt, -en	ˈhavrəgrøːt	Haferbrei
hønsebuljong, -en ..	ˈhœnsəbʉlˈjɔŋ	Hühnerbrühe
kjøttsuppe, -n	ˈçœtsʉpə	Fleischbrühe

– med egg	me 'ɛg	– mit Ei
– med nudler	me 'nʉdlər	– mit Nudeleinlage
– med ris	me 'riːs	– mit Reiseinlage
krepsesuppe, -n	ᵛkrɛpsəsʉpə	Krebssuppe
risvelling, -en	'riːsvɛlɪŋ	Reissuppe
semulevelling, -en	se'mʉːl(j)əvɛlɪŋ	Grießsuppe
sjampinjongsuppe, -n	ʃampɪn'jɔŋsʉpə	Pilzsuppe
suppe med jevning	ᵛsʉpə me ᵛjɛvnɪŋ	Legierte Suppe
– med kjøttboller	me ᵛçœtbɔlər	Fleischklößchen-suppe
– med nudler	me 'nʉdlər	Nudelsuppe
tomatsuppe, -n	tu'maːtsʉpə	Tomatensuppe

Poteter, melvarer	pu'teːtər, ᵛmeːlvaːrər	**Beilagen**
kokte poteter	ᵛkuktə pu'teːtər	Salzkartoffeln
kumle, -a, -r	ᵛkumlə	Kartoffelklößchen
makaroni, -en	maka'ruːnɪ	Makkaroni
poteter	pu'teːtər	Kartoffeln
potetboller	pu'teːtbɔlər	Kartoffelklöße
potetpuré	pu'teːtpʉ'reː	Kartoffelpüree
ris, -en	riːs	Reis
spaghetti	spa'gɛtɪ	Spaghetti
trådmakaroni, -en	'troːmakaruːnɪ	Fadennudeln

Fisk	fɪsk	**Fische**
abbor (åbor), -en	ᵛabər (ᵛoːbər)	Barsch
blekksprut, -en	ᵛblɛksprʉːt	Tintenfisch
blåskjell	ᵛbloːʃɛl	Miesmuscheln
fisk, -en, -er	fɪsk	Fisch
fiskeboller	ᵛfɪskəbɔlər	Fischklößchen

fiskefilet, -en, -er . . .	ᵛfɪskəfi'le:	**Fischfilet**
fiskehermetikk, -en .	ᵛfɪskəhærmə'tɪk	**Fischkonserve**
fiskepudding, -en . .	ᵛfɪskəpʉdɪŋ	**Fischpudding**
flyndre, -ra	ᵛflʏndrə	**Scholle**
gjedde, -dda, -r	ᵛjɛdə	**Hecht**
gravlaks, -en	ᵛgra:vlaks	**gebeizter Lachs**
hellefisk	ᵛhɛləfɪsk	**Heilbutt**
hummer, -en	'humər, ᵛhumər	**Hummer**
hval, -en	va:l	**Wal(fisch)**
hvalbiff, -en, -er . . .	ᵛva:lbɪf	**Walfischbeefsteak**
hvitting, -en	ᵛvɪtɪŋ	**Weißling**
karpe, -n, -r	ᵛkarpə	**Karpfen**
kokt fisk	'kukt 'fɪsk	**gekochter Fisch**
kolje, -n	ᵛkɔljə	**Schellfisch**
kveite, -a	ᵛkvæjtə	**Heilbutt**
laks, -en, -er	laks	**Lachs**
langust, -en	laŋ'gʉst	**Langusten**
lutefisk, -en	ᵛlʉ:təfɪsk	**gelaugter Stockfisch**
makrell, -en, -er . . .	ma'krɛl	**Makrele**
piggvar, -en	ᵛpɪgva:r	**Steinbutt**
rakørret, -en	ᵛra:kœrɛt	**gebeizte Forelle**
reker	ᵛre:kər	**Garnelen**
rødspette, -a	ᵛrø:spɛtə	**Scholle**
saltvannsfisk	'saltvansfɪsk	**Seefisch**
sei, -en	sæj	**Seelachs**
sild, -a, -	sɪl	**Hering**
sjøabbor (åbor), -en	ᵛʃø:abər (ᵛo:bər)	**Seebarsch**
sjøtunge, -nga	ᵛʃø:tuŋə	**Seezunge**
sjøørret, -en	ᵛʃø:œrɛt	**Seeforelle**
stekt fisk	'stɛkt 'fɪsk	**gebratener Fisch**
stør	stø:r	**Stör**
torsk, -en	tɔrsk	**Dorsch**
tunfisk, -en	ᵛtʉ:nfɪsk	**Thunfisch**
uer, -en	ᵛʉ:ər	**Ulkfisch**
ørret, -en	ᵛœrɛt	**Forelle**
østers, -en	'œstərs	**Austern**
ål i karri	o:l i 'karɪ	**Aal in Curry**

Vilt og fugl	vilt ɔ fʉl	Wild und Geflügel
and, ender	an, ˈɛnər	Ente
dyrestek, -en, -er	ᵛdyːrəsteːk	Rentierbraten
elg, -en	ɛlg	Elch
fasa, -en	faˈsaːn	Fasan
grillet kylling	ᵛgrɪlət ᵛçʏlɪŋ	Brathähnchen
gås, -a, gjess	goːs, jɛs	Gans
gåsekrås	ᵛgoːsəkroːs	Gänseklein
hare, -n, -r	ᵛhaːrə	Hase
høne, -na, høns	ᵛhøːnə	Huhn
hønsebryst, -et	ᵛhœnsəbrʏst	Hühnerbrust
hønsefrikasé	ᵛhœnsəfrɪkaˈseː	Hühnerfrikassee
kalkun, -en, -er	kalˈkʉːn	Truthahn, Pute
kanin, -en, -er	kaˈniːn	Kaninchen
kylling, -en, -er	ᵛçʏlɪŋ	junges Huhn, Hühnchen
orre, -n (orrhane)	ᵛɔrə (ᵛɔrhaːnə)	Birkhuhn
rapphøne	ˈraphøːnə	Rebhuhn
rein, -en, -er	ræjn	Ren(tier)
rype, -a, -er	ᵛryːpə	Schneehuhn
rådyr, -et, -	ˈroːdyːr	Reh
stekt høne	stɛkt ᵛhøːnə	Backhuhn

Kjøttretter	ᵛçœtrɛtər	Fleischgerichte
biff, -en	bɪf	Beefsteak
brun lapskaus	brʉːn ˈlapskəʉs	gedünstetes Rindfleisch m. Gemüse
fenalår, -et, -	ᵛfeːnaloːr	gepökelte (gesalzene und getrocknete) Hammelkeule
filet, -en	fiˈleː	Filet
frikasé, -en	frɪkaˈseː	Frikassee
fårebryst, -et	ᵛfoːrəbrʏst	Hammelbrust

fårekjøtt, -et	ᵛfo:rəçœt	Hammel(fleisch)
fårelår, -et	ᵛfo:rəlo:r	Hammelkeule
fårestek	ᵛfo:rəste:k	Hammelbraten
fårikål, -en	'fo:rɪko:l	gekochtes Hammelfleisch und Kohl
grytestek	ᵛgry:təste:k	Schmorbraten
gulasj, -en	'gʉlaʃ	Gulasch
hjerne, -n, -r	ᵛjæ:rnə	Hirn
innmat, -en	ᵛɪnma:t	Kutteln, Kaldaunen
kalvekjøtt, -et	ᵛkalvəçœt	Kalb(fleisch)
kalveknoke, -n	ᵛkalvəknu:kə	Kalbshaxe
kalvenyrestek, -en	ᵛkalvəny:rəste:k	Kalbsnierenbraten
kje, killing, -en	çe:, ᵛçɪlɪŋ	Zicklein
kjøtt, -et	çœt	Fleisch
kjøtthermetikk, -en	ᵛçœthærmə'tɪk	Büchsenfleisch
kjøttkaker	ᵛçœtka:kər	Fleischklößchen
kotelett, -en, -er	kɔtə'lɛt	Kotelett
lammekjøtt, -et	ᵛlaməçœt	Lamm(fleisch)
lammestek	ᵛlaməste:k	Lammbraten
lever, -en	'le(:)vər	Leber
lårstek, -en	'lo:rste:k	Rumpsteak
nyre, -n	ᵛny:rə	Nieren
oksekjøtt, -et	ᵛuksəçœt	Rind(fleisch)
pinnekjøtt, -et	ᵛpɪnəçœt	Hammelfleisch mit Wacholderpflöckchen gekocht
postei, -en, -er	pus'tæj	Pastete
ragu, -en	ra'gʉ:	Ragout
roastbeef	'rɔstbi(:)f	Roastbeef
schnitzel	'ʃnɪtsəl	Schnitzel
småpølser	ᵛsmo:pœlsər	Würstchen
stek, -en	ste:k	Braten
stek på spidd	ste:k po 'spɪd	Spießbraten
stekt medisterpølse	stɛkt me'dɪstərpœlsə	Bratwurst
svinekam, -men	ᵛsvi:nəkam	Schweinekamm
svinekjøtt, -et	ᵛsvi:nəçœt	Schwein(efleisch)
svinekotelett, -en, -er	ᵛsvi:nəkɔtə'lɛt	Rippenspeer
svinestek	ᵛsvi:nəste:k	Schweinebraten
tunge, -ga	ᵛtuŋə	Zunge
wienerschnitzel	'vi:nərʃnɪtsəl	Wiener Schnitzel

Grønnsaker	vgrœnsa:kər	**Gemüse**
agurk, -en	a'gʉrk	Gurke
agurksalat	a'gʉrksa'la:t	Gurkensalat
artisjokker	artɪ'ʃɔkər	Artischocken
asparges, -en	as'pargəs	Spargel
aspargesbønner	as'pargəsbœnər	grüne Bohnen
aubergine, -n	obær'ʃi:n	Auberginen, Eierfrüchte
auberginesalat	obær'ʃi:nsa'la:t	Auberginensalat
blandet salat	vblanət sa'la:t	gemischter Salat
blomkål, -en	'blɔmko:l	Blumenkohl
bønner	vbœnər	Bohnen
endiviesalat, -en	ɛn'di:vɪəsa'la:t	Endiviensalat
erter	'ærtər	Erbsen
gresskar, -et	vgrɛska:r	Kürbis
grønn salat	grœn sa'la:t	grüner Salat
grønne erter	vgrœnə 'ærtər	grüne Erbsen
gulrøtter, -ene	vgʉ(:)l(ə)rœtər	Mohrrüben
hestebønner	vhɛstəbœnər	Saubohnen
hodekål, -en	vhu:dəko:l	Weißkohl
hodesalat, -en	vhu:dəsa'la:t	Kopfsalat
hvite bønner	vvi:tə vbœnər	weiße Bohnen
kantareller	kanta'rɛlər	Pfifferlinge
karse, -n	vkarsə	Kresse
kål, -en	ko:l	Kohl
linser	vlɪnsər	Linsen
løk, -en	lø:k	Zwiebeln
paprika, -en	'paprɪka	Paprikaschoten
reddik, -en, -er	'rɛdɪk	Radieschen
rosenkål, -en	'ru:sənko:l	Rosenkohl
rødbeter	vrø:be:tər	rote Bete (Rüben)
rødkål, -en	'rø:ko:l	Rotkohl
salat, -en	sa'la:t	Salat
savoikål, -en	sa'vɔjko:l	Wirsingkohl
selleri, -en	sɛlə'ri:	Sellerie
sikori, -en	'sikurɪ	Chicorée
sjampinjonger	ʃampɪn'jɔŋər	Champignons
snittebønner	vsnɪtəbœnər	grüne Bohnen
sopp, -en	sɔp	Pilze

spinat, -en	spi'na:t	**Spinat**
surkål, -en	'sʉ:rko:l	**Sauerkraut**
tomater	tu'ma:tər	**Tomaten**
tomatsalat	tu'ma:tsa'la:t	**Tomatensalat**

Eggeretter	ᵛɛgərɛtər	**Eierspeisen**
egg	ɛg	**Eier**
eggerøre, -n	ᵛɛgərø:rə	**Rühreier**
fylte egg	ᵛfʏltə ɛg	**gefüllte Eier**
hardkokte egg	ᵛha:rkuktə ɛg	**hartgekochte Eier**
omelett, -en	əmə'lɛt	**Omelett, Eierkuchen**
pannekake, -a	ᵛpanəka:kə	**Pfannkuchen**
speilegg, -et	ᵛspæjlɛg	**Spiegeleier**

Ost	ust	**Käse**
camembert........	kamam'bæ:r	**Camembert**
cottage cheese	'kətɪtʃ 'ʃti:s	**Quark**
edamerost	e'da:mərust	**Edamer Käse**
fatost, -en	ᵛfa:tust	***sehr scharfe, von Schimmel durchzogene Käsesorten***
gammelost, -en	ᵛgaməlust	***sehr scharfe, von Schimmel durchzogene Käsesorten***
geitost, -en........	ᵛjæjtust	**harter Ziegenkäse**
gouda	'gəʉda	**Holländer Käse**
gudbrandsdalsost, -en	ᵛgʉdbransda:lsust	**harter Molkenkäse**
jarlsberger (ost) ...	'ja:rlsbærgər (ust)	**(*Art*) Emmentaler**
mysost, -en	ᵛmy:sust	**Molkenkäse**
nøkkelost, -en	ᵛnœkəlust	**milder Hartkäse mit Kümmel**
prim, -en	pri:m	**Weicher Molkenkäse**
pultost, -en	ᵛpʉltust	**Weichkäse mit Kümmel**
smelteost	ᵛsmɛltəust	**Schmelzkäse**
smøreost	ᵛsmø:rəust	**Streichkäse**
sveitserost	'svæjtsərust	**Schweizer Käse**

Desserter	de'sæ:rər	**Süßspeisen**

siehe auch unter „Café und Konditorei", S. 86.

eplegrøt, -en	ᵛɛpləgrø:t	**Apfelmus**
fløtekrem, -en	ᵛflø:təkre:m	**Schlagsahne**
fruktsalat, -en	'frʉktsa'la:t	**Obstsalat**
kompott, -en	kɔm'pɔt	**Kompott**
multekrem, -en	ᵛmʉltəkre:m	**Multbeeren mit Schlagsahne**
pudding, -en	'pʉdıŋ	**Pudding**
risengrynsgrøt, -en	'ri:səngry:nsgrø:t	**Milchreis**
rødgrøt med fløte	'rø:grø:t me ᵛflø:tə	**rote Grütze mit Sahne**
tilslørte bondepiker	'tılslø:rtə 'bunəpi:kər	**Zwieback mit Apfelmus und Schlagsahne**
tyttebærkompott	'tʏtəbæ:rkɔm'pɔt	**Preiselbeerkompott**

Frukt	frʉkt	**Obst**
ananas, -en	'ananas	**Ananas**
appelsin, -en, -er	apəl'si:n	**Apfelsine**
aprikoser	aprı'ku:sər	**Aprikosen**
banan, -en, -er	ba'na:n	**Banane**
bjørnebær	'bjø:rnəbæ:r	**Brombeeren**
blåbær	'blo(:)bæ:r	**Blaubeeren**
bringebær	'brıŋəbæ:r	**Himbeeren**
bær	bæ:r	**Beeren**
dadler	'dadlər	**Datteln**
eple, -t, -r	ᵛɛplə	**Apfel**
ferskener	'færsknər	**Pfirsiche**
fiken	ᵛfi:kən	**Feigen**
granateple, -t, -r	gra'na:tɛplə	**Granatapfel**
grapefrukt, -en	'gre:pfrʉkt	**Grapefruit**
hasselnøtter	ᵛhasəlnœtər ('hasəl-)	**Haselnüsse**
kastanjer	kas'tanjər	**Kastanie**
kirsebær	'çırsəbæ:r	**Sauerkirschen**
mandarin, -en	manda'ri:n	**Mandarine**
mandler	'mandlər	**Mandeln**

melon, -en	me'lu:n	**Melone**
morbær	'murbæ:r	**Maulbeeren**
moreller	mu'rɛlər	**Kirschen**
multer	ᵛmʉltər	**Multbeeren**
nøtter	'nœtər	**Nüsse**
plommer	ᵛplumər	**Pflaumen**
pære, -ra	ᵛpæ:rə	**Birne**
rabarbra	ra'barbra	**Rhabarber**
reine claude	rɛnə'klo:d	**Renekloden**
rips	rɪps	**rote Johannisbeeren**
solbær	'su(:)lbæ:r	**schwarze Johannisbeeren**
stikkelsbær	'stɪkəlsbæ:r	**Stachelbeeren**
svisker	ᵛsvɪskər	**Backpflaumen**
valnøtter	ᵛva(:)lnœtər	**Walnüsse**
vannmelon	ᵛvanme'lu:n	**Wassermelone**
vindruer	ᵛvi:ndrʉ:ər	**Weintrauben**

Beanstandungen

Das habe ich nicht bestellt.
Det har jeg ikke bestilt.
de: ha:r jæj ᵛɪkə be'stɪlt

Nehmen Sie es bitte zurück.
Vær så snill å ta det ut igjen.
væ:r so'snɪl o'ta: də 'ʉ:t ɪ'jɛn

Sie hatten mich wohl nicht richtig verstanden?
De forsto meg vel ikke riktig?
di fər'stu: mæj vɛl ᵛɪkə ᵛrɪktɪ

Ich kann das leider nicht essen.
Jeg kan dessverre ikke spise det.
jæj kan dɛs'værə ᵛɪkə ᵛspi:sə de:

Hier fehlt ...
Her mangler ...
hæ:r ᵛmaŋlər

Bringen Sie mir bitte ein anderes Messer.
Vær så snill å gi meg en annen kniv.
væ:r so'snɪl o'ji: mæj ən ᵛa:ən kni:v

Es ist zu ...	**scharf**	**sauer**	**hart**	**fett**
Det er for ...	skarpt	surt	hardt	fett
də æ:r fər	skarpt	sʉ:rt	hart	fɛt

Das scheint mir nicht zu stimmen.
Det stemmer vel ikke helt.
de: ᵛstɛmər vɛl ᵛɪkə he:lt

Sie haben sich geirrt.
De har tatt feil.
di ha:r tat 'fæjl

TRINKEN

Bestellung

Ich habe Durst.
Jeg er tørst.
jæj æːr ˈtœrst

Was trinken Sie?
Hva drikker De?
vaː ˈdrɪkər di

Bringen Sie mir bitte ...
Kan jeg få ...
kan jæj foː

eine (halbe) Flasche ...wein.
en (halv) flaske ...vin.
ən (hal) ᵛflaskə ...viːn

einen *Kognak (Wodka).*
en *konjakk (vodka).*
ən ˈkɔnjak (ˈvɔdka)

Etwas kaltes Wasser, bitte.
Får jeg litt kaldt vann, takk.
foːr jæj lɪt ˈkalt ˈvan tak

Wie ist dieser Wein?
Hvordan er denne vinen?
ˈvurdan æːr ᵛdɛnə ˈviːnən

Haben Sie auch offenen Wein?
Har De vin på karaffel?
haːr di viːn po kaˈrafəl

Ich möchte gern etwas trinken.
Jeg vil gjerne ha noe å drikke.
jæj vɪl ᵛjæːrnə haː ᵛnuːə oᵛdrɪkə

Geben Sie mir die Weinkarte.
Kan jeg få se vinkartet.
kan jæj fo ˈseː ᵛviːnkartə

eine Flasche ...saft.
en flaske ...saft.
ən ᵛflaskə ...saft

ein helles Bier.
en pils.
ən ˈpɪls

eine Tasse *Tee (Kaffee).*
en kopp *te (kaffe).*
ən kɔp ˈteː (ˈkafə)

Noch ein Glas, bitte.
Ett glass til, er De snill.
ɛt glas tɪl æːr di snɪl

Bringen Sie noch eine Flasche.
Vil De gi meg en flaske til.
vɪl di jiː mæj ən ᵛflaskə ˈtɪl

½ Liter bitte.
½ liter, takk.
ən hal ˈliːtər tak

Wein

Wein	vin, -en, -er	viːn
– alter	gammel	ᵛgaməl
– geharzter	krydret	ᵛkrʏdrət

– herber	tørr	tœr
– leichter	svak	sva:k
– süßer	søt	sø:t
– schwerer	sterk	stærk
Champagner	champagne, -n	ʃam'panjə
Muskatellerwein	muskateller, -n	mʉska'tɛlər
Rotwein	rødvin, -en, -er	'rø:vi:n
Sekt, Schaumwein	musserende vin	mʉ'se:rənə vi:n
Tischwein	bordvin, -en, -er	ᵛbu:rvi:n
Weißwein	hvitvin, -en, -er	'vi:tvi:n
Wermut(wein)	vermut, -en	'værmʉt

Bier

Bier	øl, -et	œl
– dunkles	bayer, -en	'bajər
– helles	pils, -en	pɪls
ein Glas Bier	et glass øl	ət glas œl
Bier vom Faß	fatøl, -et	ᵛfa:tœl
Flaschenbier	øl på flaske	œl po ᵛflaskə
Pilsner	pils, pilsner, pilsnerøl	'pɪls(nər[œl])
Starkbier	eksportøl, -et	ɛks'pɔrtœl

Spirituosen

Aquavit	akevitt, -en	akə'vɪt
Branntwein	brennevin, -et	ᵛbrɛn(ə)vi:n
– Wodka	vodka, -en	'vɔdka
Cocktail	cocktail, -en	'kɔktæjl
Gin	gin, -n	dʃɪn
Kirsch	kirsebærbrennevin	'çɪrsəbæ:rbrɛnəvi:n
Kognak	konjakk, -en	'kɔnjak
Kümmel	karveakevitt, -en	ᵛkarvəakə'vɪt
Likör	likør, -en, -er	lɪ'kø:r
– Himbeerlikör	bringebærlikør	'brɪŋəbæ:rlɪ'kø:r
– Kakaolikör	kakaolikør	ka'ka:ulɪ'kø:r
– Kirschlikör	kirsebærlikør	'çɪrsəbæ:rlɪ'kø:r
– Rumlikör	romlikør	'rumlɪ'kø:r

Magenbitter	bitter, -en	ˈbɪtər
Rum	rom, -men	rum
Slibowitz	slivovitsj, -en	ˈsliːvuvɪtʃ
Weinbrand	konjakk, -en	ˈkɔnjak
Whisky	whisky, -en	ˈvɪskɪ
– mit Eis	– med is	me iːs

Andere alkoholische Getränke

Aperitif	aperitif, -en	aperɪˈtɪf
Grog, Punsch	toddy, -en, punsj, -en	ˈtɔdɪ, pʉnʃ
Obstwein	fruktvin, -en, -er	ˈfrʉktviːn
Kognak mit Selterswasser	pjolter, -en, -e	ˈpjɔltər

Alkoholfreie Getränke

alkoholfreies Getränk	alkoholfri drikk	ˈalkuhuːlfriː ˈdrɪk
Fruchtsaft	fruktsaft, -en, -er	ˈfrʉktsaft
– Apfelsaft	eplesaft	ᵛɛpləsaft
– Himbeersaft	bringebærsaft	ˈbrɪŋəbæːrsaft
– Kirschsaft	kirsebærsaft	ˈçɪrsəbæːrsaft
– Orangensaft	appelsinsaft	apəlˈsiːnsaft
– Traubensaft	druesaft	ᵛdrʉːəsaft
– Zitronensaft	sitronsaft	sɪtˈruːnsaft
Tomatensaft	tomatjuice, -saft	tuˈmaːtʃʉːs, -saft
Limonade	brus, -en	brʉːs
– Zitronenlimonade	sitronbrus	sɪtˈruːnbrʉːs
– Brauselimonade	brus	brʉːs
Orangeade	appelsinbrus (Solo)	apəlˈsiːnbrʉːs (ˈsuːlu)
Most	most, -en, sider, -en	mɔst, ˈsiːdər
Wasser	vann, -et	van
– Mineralwasser	mineralvann, -et	mɪnəˈraːlvan
– Selter, Soda	selters, soda, -en	ˈsɛltərs, ˈsuːda
Tonik	tonik, -en	ˈtɔnɪk
Würzebier	vørterøl, -et	ˈvœrtərœl

(Kaffee, Tee, Kakao, Milch *siehe S. 87.)*

IN DER STADT

Fragen nach dem Weg

Welches ist der kürzeste Weg *nach (zum, zur)* ...?
Hva er korteste vei til ...?
vaː æːr ᵛkɔrtəstə væj tɪl

Wo ist ...?
Hvor er ...?
vur æːr

Wie komme ich *nach (zum, zur)* ...?
Hvordan kommer jeg til ...?
ˈvurdan ˈkɔmər jæj tɪl

Wohin führt diese Straße?
Hvor går denne gaten hen?
vur goːr ᵛdɛnə ᵛgaːtən hɛn

In welcher Richtung muß ich gehen?
I hvilken retning skal jeg gå?
i ᵛvɪlkən ᵛrɛtnɪŋ skal jæj goː

Wie weit ist es bis *zum (zur)* ...?
Hvor langt er det til ...?
vur laŋt æːr də tɪl

Ist es weit?
Er det langt?
æːr də ˈlaŋt

Wie viele Minuten zu Fuß?
Hvor mange minutter til fots?
vur ᵛmaŋə miˈnʉtər tɪlˈfuːts

Verzeihen Sie, wo liegt ...?
Unnskyld, hvor ligger ...?
ˈʉnʃʏl vur ˈlɪgər

In welcher Straße befindet sich ...?
I hvilken gate er ...?
i ᵛvɪlkən ᵛgaːtə æːr

Kann man zu Fuß gehen oder muß man fahren?
Kan en gå eller må en kjøre?
kan en goː ᵛɛlər mo en ᵛçøːrə

Ich finde ... nicht.
Jeg kan ikke finne ...
jæj kan ᵛɪkə ᵛfɪnə

Ich habe mich leider verlaufen.
Jeg har gått meg bort.
jæj haːr gɔt mæj ˈburt

Wohin wollen Sie?
Hvor skal De hen?
vur skal di hɛn

Sie müssen immer geradeaus gehen.
De kan bare gå rett fram hele tiden.
di kan ᵛbaːrə go(ː) ˈrɛt ˈfram ᵛheːlə ˈtiːdən

Sie müssen *zurückfahren (nach links [nach rechts] abbiegen)*.
De må *snu (ta av til venstre [høyre])*.
di mo ˈsnʉː (ᵛtaːaː(v) tɪl ˈvɛnstrə [ˈhœjrə])

Gehen Sie die erste Straße *links (rechts)*.
Ta første gate til *venstre (høyre)*.
taː ᵛfœrstə ᵛgaːtə tɪl ˈvɛnstrə (ˈhœjrə)

Sie können zu Fuß gehen.
De kan gå til fots.
di kan goː tɪlˈfuːts

Nehmen Sie den *Omnibus (Obus)*.
Ta *bussen (trolleybussen)*.
taː ˈbʉsən (ˈtrɔlɪbʉsən)

Nein, es ist weit von hier.
Nei, det er langt herfra.
næj də æːr laŋt ˈhærfra(ː)

Sie gehen falsch.
De går feil.
di goːr ˈfæjl

Gehen Sie bis zur Kreuzung und fragen Sie dort noch einmal.
Gå til krysset og spør om igjen der.
goː tɪl ˈkrʏsə ɔ spœr ˈɔmɪjɛn ˈdæːr

Gehen Sie über *die Brücke (den Platz)*.
Gå over *brua (plassen)*.
goː ˈoːvər ˈbrʉːa (ˈplasən)

Ich bin fremd hier.
Jeg er ikke herfra.
jæj æːr ᵛɪkə ˈhærfra(ː)

Ich weiß es nicht.
Det vet jeg ikke.
deː veːt jæj ᵛɪkə

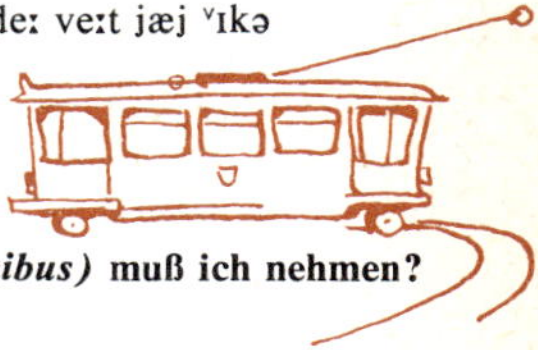

Verkehrsmittel

***Welche Straßenbahn (Welchen Omnibus)* muß ich nehmen?**
Hvilken *trikk (buss)* skal jeg ta?
ᵛvɪlkən trɪk (bʉs) skal jæj taː

Fährt hier der Autobus ...?
Går buss nr. ... her?
goːr bʉs ˈnumər ... hæːr

Wo ist die Haltestelle?
Hvor er stoppestedet?
vur æːr ᵛstɔpəsteːdə

Können Sie mir sagen, wo die Straßenbahn nach ... hält?
Kan De si meg hvor trikken til ... stopper?
kan di siː mæj vur ˈtrɪkən tɪl ... ᵛstɔpər

Wie oft kommt hier der Autobus nach ... vorbei?
Hvor ofte går bussen til ... her forbi?
vur ᵛɔftə goːr ˈbʉsən tɪl ... ˈhæːrfərbiː

Ich möchte nach ...
Jeg skal til ...
jæj skal tɪl

Muß ich umsteigen?
Må jeg skifte *buss (trikk)*?
mo: jæj ᵛʃɪftə bʉs (trɪk)

Einen einfachen Fahrschein nach ..., bitte!
En enkeltbillett til ...
e:n 'ɛŋkəltbɪ'lɛt tɪl

Sie müssen in ... umsteigen und die Nummer ... nehmen.
De må skifte *buss (trikk)* i ... og ta nummer ...
di mo ᵛʃɪftə bʉs (trɪk) i ... ɔ ta: 'numər

Wo muß ich aussteigen.
Hvor skal jeg gå av?
vur skal jæj ᵛgo:a:(v)

Sagen Sie mir, wenn wir dort sind.
Si fra når vi er der, er De snill.
ᵛsi:fra: nɔr vi 'æ:r dær æ:r di 'snɪl

Es ist die *nächste (übernächste)* Haltestelle.
Det er *neste (annet)* stoppested.
de æ:r ᵛnɛstə (ᵛa:ənt) ᵛstɔpəste:(d)

Hier müssen Sie aussteigen.
Her må De av.
hæ:r mo di a:(v)

Nur vorn aussteigen.
Det er avstigning foran.
də æ:r 'a:vsti:gnɪŋ 'fɔran

Kann man hier ein Taxi bekommen?
Kan en få en drosje her?
kan en fo: ən ᵛdrɔʃə hæ:r

Hallo, Taxi!
Hei, drosje!
hæj ᵛdrɔʃə

Sind Sie frei?
Er De ledig?
æ:r di ᵛle:dɪ

Kann ich noch mitkommen?
Kan jeg få bli med?
kan jæj fo ᵛbli:me(:)

Fahren Sie mich *nach (zum, zur)* ...!
Vil De kjøre meg til ...
vɪl di ᵛçø:rə mæj tɪl

Ich habe es eilig.
Jeg har det travelt.
jæj ha:r də 'tra:vəlt

Halten Sie hier!
Stopp her!
stɔp hæ:r

Halten Sie hier einen Augenblick!
Stans her et øyeblikk!
stans hæ:r ət ᵛœjəblɪk

Ich möchte hier aussteigen.
Jeg vil gjerne av her.
jæj vɪl ᵛjæ:rnə 'a:(v) hæ:r

Was zahle ich?
Hvor mye skal De ha?
vur ᵛmy:ə skal di ha:

Sehenswürdigkeiten

Was gibt es hier zu sehen?
Hva bør en se her?
va: bø:r e:n 'se: hæ:r

Welche Sehenswürdigkeiten gibt es hier?
Hvilke severdigheter er det her?
ᵛvɪlkə se'værdɪhe:tər æ:r də hæ:r

Was für ein Gebäude ist das?
Hva er det for en bygning?
va: æ:r 'de: fər ən ᵛbʏgnɪŋ

Wie heißt diese Kirche?
Hva heter denne kirken?
va: ᵛhe:tər ᵛdɛnə ᵛçɪrkən

Ich möchte ... sehen.
Jeg vil gjerne se ...
jæj vɪl ᵛjæ:rnə se:

Kann man ... besichtigen?
Kan man besøke ...?
kan man be'sø:kə

Zeigen Sie mir bitte ...
Vil De vise meg ...
vɪl di(:) ᵛvi:sə mæj

Wo ist ...?
Hvor er ...?
vur æ:r

die Altstadt	gamlebyen	ᵛgamleby:ən
die Ausstellung	utstillingen	'ʉ:tstɪlɪŋən
die Brücke	brua	'brʉ:a
das Denkmal	monumentet	munʉ'mɛntə
die Festung	festningen	ᵛfɛstnɪŋən
***der (den)* Friedhof**	gravlunden	ᵛgra:vlʉnən
die Galerie	kunstgalleriet	'kʉnstgalə'ri:ə
***der (den)* Hafen**	havna	'havna
die Kapelle	kapellet	ka'pɛlə
die Kirche	kirken	ᵛçɪrkən
***der (den)* Marktplatz**	torget	'tərgə
das Museum	museet	mʉ'se:ə
***der (den)* Palast**	slottet	'slətə
***der (den)* Park**	parken	'parkən
die Ruine	ruinen	rʉ'i:nən
***der (den)* Runenstein**	runesteinen	ᵛrʉ:nəstæjnən
das Schloß	slottet	'slətə
das Tor	porten	'purtən
***der (den)* Turm**	tårnet	'to:rnə

Museen und Paläste

Wir möchten das ... Museum besichtigen.
Vi vil gjerne se ...museet.
vi vɪl ᵛjæːrnə seː ...mʉ'seːə

Wann ist es geöffnet?
Når er det åpent?
nɔr æːr də ᵛoːpənt

Wieviel kostet der Eintritt?
Hvor mye koster det å komme inn?
vur ᵛmyːə ᵛkɔstər də oᵛkɔmə ɪn

Gibt es einen Führer, der *deutsch (englisch)* spricht?
Er det noen guide der som snakker *tysk (engelsk)*?
æːr də ᵛnuːən 'gajd dæːr sɔm ᵛsnakər 'tʏsk (ᵛɛŋəlsk)

Wann kann man ... besichtigen?
Når kan man besøke ...?
nɔr kan man be'søːkə

Wann wird geschlossen?
Når blir det stengt?
nɔr bliːr də 'stɛŋt

Zeigen Sie uns bitte alles Sehenswerte.
Vær så snill å vise oss alt som er verdt å se.
væːr so'snɪl oᵛviːsə ɔs 'alt sɔm æːr 'vært o'seː

Wer hat das erbaut?
Hvem har bygd det?
vɛm haːr bʏgd deː

Von wem stammt dieses Bild?
Hvem stammer dette bildet fra?
vɛm ᵛstamər ᵛdɛtə ᵛbɪldə fra(ː)

Aus welchem Jahrhundert stammt dieses *Bauwerk (Gemälde)*?
Fra hvilket århundre stammer dette *byggverket (maleriet)*?
fraː ᵛvɪlkət ᵛoːrhʉndrə ᵛstamər ᵛdɛtə 'bʏgværkə (male'riːə)

Wo befindet sich *der (die, das)* berühmte ...?
Hvor er *den (den, det)* berømte ...?
vur æːr dən (dən, də) be'rœmtə

Kontiki-Museum	Kon-Tiki-museet	kɔn'tiːkɪmʉ'seːə
Kunstgewerbemuseum	Kunstindustri-museet	'kʉnstɪndʉstriː-mʉ'seːə
Nationalgalerie	Nasjonalgalleriet	naʃu'naːlgaləriːə
Vigeland-Anlage	Vigelandsanlegget	ᵛviːgəlansanlɛgə
Volksmuseum	Folkemuseet	ᵛfɔlkəmʉ'seːə

Kirchen

Ist das die ...-Kirche?
Er dette ...-kirken?
æːr ᵛdɛtə ...çɪrkən

Wann kann man sie besichtigen?
Når er det adgang til å se den?
nər æːr də ᵛaːdgaŋ tɪl oˈseː dən

Wann finden Gottesdienste statt?
Når er det gudstjeneste her?
nər æːr də ˈgʉtstjeːnəstə hæːr

Altar	alter, -et, -e	ᵛaltər
Apsis	apsis, -isen, -ider	ˈapsis
Aufseher	kirketjener, -en, -e	ᵛçɪrkətjeːnər
Bogen	bue, -n, -r	ᵛbʉːə
Bogengang	buegang, -en, -er	ᵛbʉːəgaŋ
Chor	kor, -et, -	kuːr
Fassade	fasade, -n, -r	faᵛsaːdə
Fenster	vindu, -et, -er	ᵛvɪndʉ
Flachrelief	basrelieff, -et, -er	ˈbaːrelɪˈɛf
Frühmesse	ottesang, -en	ᵛɔtəsaŋ
Fußboden	gulv, -et, -	gʉlv
Gemeinde	menighet, -en, -er	ᵛmeːnɪheːt
Gewölbe	(kirke)velv, -et, -	(ᵛçɪrkə)vɛlv
Gebet	bønn, -en, -er	bœn
Gottesdienst	gudstjeneste, -n, -r	ˈgʉtstjeːnəstə
Grab	grav, -en, -er	graːv
Grabstein	gravstein (-sten), -en, -er	ᵛgraːvstæjn (-steːn)
Kanzel	prekestol, -en, -er	ᵛpreːkəstuːl
Kirche	kirke, -n, -r	ᵛçɪrkə
– katholische	katolsk	kaˈtuːlsk
– protestantische	protestantisk	prutəˈstantɪsk
Kloster	kloster, -et, -e	ˈklɔstər

Klosterhof	klosterhage, -n, -r	'kləstərha:gə
Kreuz	kors, -et, -	kərs
Krypta	krypt, -en, -er	krʏpt
Kuppel	kuppel, -ppelen, -pler	'kʉpəl
Küster	klokker, -en, -e	ˇkləkər
Leuchter	lysestake, -n, -r	ˇly:səsta:kə
Mosaik	mosaikk, -en, -er	musa'ɪk
Nische	nisje, -n, -r	ˇniʃə
Pastor	prest, -en, -er	prɛst
– **Herr Pastor** ***(Anrede)***	pastor	'pastur
Pfarrer	sogneprest, -en, -er	ˇsəŋnəprɛst
Pfeiler	pillar, -en, -er	pɪ'la:r
Portal	portal, -en, -er	pur'ta:l
Predigt	preken, -en, -er	ˇpre:kən
Priester	prest, -en, -er	prɛst
Sakristei	sakristi, -et, -er	sakrɪs'ti:
Sarkophag	sarkofag, -en, -er	sarku'fa:g
Säule	søyle, -n, -r	ˇsœjlə
Säulengang	søylegang, -en, -er	ˇsœjləgaŋ
Schiff	skip, -et, -	ʃi:p
Stabkirche	stavkirke, -n, -r	ˇsta:vçɪrkə
Taufbecken	døpefont, -en, -er	ˇdø:pəfənt
Taufkapelle	dåpskapell, -et, -	'do:pska'pɛl
Turm	tårn, -et, -	to:rn
Vorhalle	våpenhus, -et, -	'vo:pənhʉ:s
Vorhof	forgård, -en, -er	ˇfərgo:r

Wörter

(soweit nicht auf den vorhergehenden Seiten aufgeführt)

Allee	alle, -en, -er	a'le:
Amt, Behörde	myndighet, -en, -er	ˇmʏndɪhe:t
Anstalt	institutt, -et, -er	ɪnstɪ'tʉt
– **Heilanstalt**	klinikk, -en, -er	klɪ'nɪk

Bedürfnisanstalt ...	offentlig toalett	ˈɔfəntlɪ tuaˈlɛt
Berg	fjell, -et, -	fjɛl
Börse	børs, -en, -er	bøːrs
Botschaft	ambassade, -n, -r	ambaˇsaːdə
Brunnen	brønn, -en, -er	brœn
Bürgersteig	fortau, -et, -	ˇfɔrtəʉ
Chaussee	landevei, -en, -er	ˇlanəvæj
Dorf:		
– mit Bahnhof	stasjonsby, -en, -er	staˈʃuːnsbyː
– Fischerdorf	fiskevær, -et, -	ˇfɪskəvæːr
– Landgemeinde ...	bygd, -a, -er	bʏgd
– Weiler	grend, -a, -er	grɛn
Durchfahrt	gjennomkjørsel, -en	ˇjɛnɔmçœrsəl
Durchgang	gjennomgang, -en, -er	ˇjɛnɔmgaŋ
Ecke	hjørne, -t, -r	ˇjøːrnə
Endhaltestelle	endeholdeplass, -en, -er	ˇɛnəhɔləplas
Einkaufszentrum ...	kjøpesenter, -et, -	ˇçøːpəsɛntər
Fabrik	fabrikk, -en, -er	fabˈrɪk
Feuerwehr	brannvesen, -et	ˈbranveːsən
Fluß	elv, -a, -er	ɛlv
Fundbüro	hittegodskontor, -et, -er	ˇhɪtəgutskunˈtuːr
Fußgänger	fotgjenger, -en, -e	ˇfuːtjɛŋər
Fußgängerübergang	fotgjengerovergang, -en, -er	ˇfuːtjɛŋəroːvərgaŋ
Garten	hage, -n, -r	ˇhaːgə
– botanischer	botanisk	buˈtaːnɪsk
– zoologischer G. ..	dyrepark, -en, -er	ˇdyːrəpark
Gasse	smug, -et, -	smʉːg
– Sackgasse	blindgate, -a, -er	ˇblɪngaːtə
Gerichtsgebäude ...	tinghus, -et, -	ˇtɪŋhʉːs
Geschäft, Laden ...	butikk, -en, -er	bʉˈtɪk
Grabmal	gravstøtte, -n, -r	ˇgraːvstœtə
Halbinsel	halvøy, -a, -er	ˇhalœj
Hauptstraße	hovedgate, -a, -er	ˇhuːvədgaːtə
Haus	hus, -et, -	hʉːs
– Krankenhaus	sykehus	ˇsyːkəhʉːs
– Warenhaus	varehus	ˇvaːrəhʉːs

Hof	gård, -en, -er	goːr
– Bauernhof	bondegård	'bunəgoːr
Insel	øy, -a, -er	œj
Kaserne	kaserne, -n, -r	kaᵛsæːrnə
Klinik	klinikk, -en, -er	klɪ'nɪk
Konsulat	konsulat, -et, -er	kɔnsʉ'laːt
Kraftwerk	kraftverk, -et, -	'kraftværk
Küste	kyst, -en, -er	çʏst
Markt(platz)	torg, -et, -	tɔrg
Markthalle	torghall, -en, -er	ᵛtɔrghal
Mauer	mur, -en, -er	mʉːr
Ministerium	departement, -et, -er	departə'maŋ
Ortschaft	sted, -et, -er	steː(d)
Passage	passasje, -n, -r	pa'saːʃə
Platz	plass, -en, -er	plas
Polizist	politimann, -en, -menn	pulɪ'tiːman
Promenade	promenade, -n, -r	prumeᵛnaːdə
Rettungsstation	redningsstasjon, -en, -er	ᵛrɛdnɪŋsta'ʃuːn
Schaffner	billettør, -en, -er	bɪlə'tøːr
Schule	skole, -n, -r	ᵛskuːlə
– Grundschule	folkeskole	ᵛfɔlkəskuːlə
– Hochschule	høyskole	ᵛhœjskuːlə
– Mittelschule	ungdomsskole	ᵛuŋdɔmskuːlə
– Oberschule	gymnas, -et, -	gʏm'naːs
– Volksuniversität	folkeuniversitet, -et	ᵛfɔlkəʉnɪværsɪ'teːt
Stadt	by, -en, -er	byː
– Kleinstadt	småby, -en, -er	ᵛsmoːbyː
– Vorstadt, Vorort	forstad, -en, -steder	ᵛfɔrstaːd, -steːdər
Stadtteil	bydel, -en, -er	'byːdeːl
Tal	dal, -en, -er	daːl
Umgebung	omegn, -en	ᵛɔmæjn
Universität	universitet, -et, -(er)	ʉnɪværsɪ'teːt
Verkehrsinsel	trafikkøy, -a, -er	tra'fɪkœj
Vergnügungspark	fornøyelsespark, -en, -er	fɔr'nœjəlsəspark
Wohnsiedlung	boligstrøk, -et, -	ᵛbuːlɪstrøːk

POST, TELEGRAF, TELEFON

Auskunft

Wo ist das nächste Postamt?
Hvor er nærmeste postkontor?
vur æːr ᵛnærməstə ˈpɔstkuntuːr

Wo ist ein Briefkasten?
Hvor er det en postkasse?
vur æːr də ən ˈpɔstkasə

Wann wird er geleert?
Når tømmes den?
nɔr ᵛtœməs dən

Wann ist das Postamt geöffnet?
Når er det åpent på postkontoret?
nɔr æːr də ᵛoːpənt po ˈpɔstkuntuːrə

Wo ist der Schalter für ...?
Hvor er luken for ...?
vur æːr ᵛlʉːkən fɔr

Einschreibebriefe ...	rekommanderte brev	rekuman'deːrtə breːv
Luftpost	luftpost	'lʉftpɔst
Päckchen	småpakker	ᵛsmoːpakər
Pakete	pakkepost	ᵛpakəpɔst
Telegramme	telegram	tele'gram
Einzahlungen	innbetaling	'ɪnbetaːlɪŋ
postlagernde Sendungen	poste restante	'pɔstre'staŋt

Postwertzeichen

Wieviel beträgt das Porto für ...?
Hva er portoen for ...?
vaː æːr 'purtuən fɔr

diesen Brief nach ...	dette brevet til ...	ᵛdɛtə 'breːvə tɪl
eine Ansichtskarte ..	et prospektkort	ət pru'spɛktkɔrt
einen Eilbrief	et ilbrev	ət iːlbreːv
einen eingeschriebenen Brief	et rekommandert brev	ət rekuman'deːrt breːv
dieses Muster ohne Wert	denne vareprøven	ᵛdɛnə ᵛvaːrəprøːvən
einen Auslandsbrief .	et brev til land utenfor Norden	ət breːv tɪl lan 'ʉːtənfɔr 'nurdən
eine Postkarte	et postkort	ət 'pɔstkɔrt

Geben Sie mir bitte 5 Briefmarken zu 90 öre.
Kan jeg få 5 nittiøres frimerker?
kan jæj fo 'fɛm 'nɪtiøːrəs 'friːmærkər

Frankieren Sie bitte diesen Brief.
Vil De frankere dette brevet?
vɪl di fraŋ'keːrə ᵛdɛtə 'breːvə

Wieviel wiegt er?
Hvor mye veier det?
vur ᵛmyːə 'væjər də

Kann ich dies als Drucksache schicken?
Kan jeg sende dette som trykksaker?
kan jæj ᵛsɛnə ᵛdɛtə səm 'trʏksaːkər

Ich bin Briefmarkensammler.
Jeg er frimerkesamler.
jæj æːr 'friːmærkəsamlər

Ich möchte diesen Satz haben.
Jeg vil gjerne ha denne serien.
jæj vɪl ᵛjæːrnə haː ᵛdɛnə 'seːrɪən

Absender	avsender, -en, -e	ᵛaːvsɛnər
Adresse	adresse, -n, -r	ad'rɛsə
Ansichtskarte	prospektkort, -et, -	pru'spɛktkɔrt
Bestimmungsort	bestemmelsessted, -et, -er	be'stɛməlsəsteːd
Brief	brev, -et, -	breːv
– Einschreibebrief	rekommandert brev	rekuman'deːrt breːv
– Wertbrief	verdibrev	vær'diːbreːv
Briefmarke	frimerke, -t, -r	'friːmærkə
– Sonderausgabe	spesialutgave, -n, -r	spɛsi'aːlʉːtgaːvə
Empfänger	mottaker, -en, -e	ᵛmuːtaːkər (ᵛmuːtaːgər)
Nachnahme	postoppkrav, -et, -	'pɔstɔpkraːv
Rückporto	returporto, -en	re'tʉːrpurtu
Zuschlag	tillegg, -et, -	ᵛtɪlɛg

Einschreiben und Zahlungen

Ich möchte diesen Brief einschreiben lassen.
Dette brevet skal sendes rekommandert.
ᵛdɛtə 'breːvə skal ᵛsɛnəs rekuman'deːrt

Geben Sie mir bitte einen Einlieferungsschein.
Kan jeg få postkvitteringen?
kan jæj fo(ː) ˈpɔstkvɪteːrɪŋən

Ich möchte Geld ins Ausland schicken.
Jeg skulle sende noen penger til utlandet.
jæj ᵛskʉlə ᵛsɛnə ᵛnuːən ᵛpɛŋər tɪl ᵛʉːtlanə

Kann ich eine Postanweisung haben?
Kan jeg få en postanvisning?
kan jæj foː ən ˈpɔstanviːsnɪŋ

Ich möchte mir diese Postanweisung auszahlen lassen.
Jeg skulle heve denne postanvisningen.
jæj ᵛskʉlə ᵛheːvə ᵛdɛnə ˈpɔstanviːsnɪŋən

Hier ist mein *Paß (Personalausweis)*.
Her har jeg *passet (en legitimasjon)*.
hæːr haːr jæj ˈpasə (ən legitimaˈʃuːn)

Postlagernd

Ist Post auf diesen Namen da?
Har De noe post på dette navnet?
haːr di ᵛnuːə ˈpɔst po ᵛdɛtə ˈnavnə

Ja, es ist etwas da.
Ja, det er noe her.
jaː də æːr ᵛnuːə hæːr

Nein, es ist nichts da.
Nei, det er ikke noe her.
næj də æːr ᵛɪkənuːə hæːr

Haben Sie einen Ausweis?
Har De legitimasjon?
haːr di legitimaˈʃuːn

Nachsenden

Senden Sie bitte meine Post an diese Anschrift nach.
Vil De være snill å ettersende posten min til denne adressen?
vɪl di ᵛvæːrə ˈsnɪl oᵛɛtərsɛnə ˈpɔstən min tɪl ᵛdɛnə adˈrɛsən

Pakete

Ich möchte dieses Paket nach Deutschland schicken.
Jeg skal sende denne pakken til Tyskland.
jæj skal ᵛsɛnə ᵛdɛnə ᵛpakən tɪl ˈtʏsklan

... in die Schweiz ...
... til Sveits ...
tıl svæjts

... nach Österreich ...
... til Østerrike ...
tıl ᵛœstəri:kə

Ich möchte es versichern.
Jeg vil forsikre den.
jæj vıl fər'sıkrə dən

Wie hoch?
For hvor mye?
fər vur ᵛmy:ə

Wieviel kostet es?
Hvor mye koster det?
vur ᵛmy:ə ᵛkəstər də

Sie müssen eine Paketkarte und Zollinhaltserklärung ausfüllen.
De må fylle ut et følgebrev og en tolldeklarasjon.
di mo ᵛfʏlə ʉ:t ət ᵛfœləbre:v ɔ ən ᵛtəldɛkla:ra'ʃu:n

Sie müssen Art und Wert der Ware angeben.
De må oppgi vareslag og verdi.
di mo 'ɔpji: ᵛva:rəsla:g ɔ vær'di:

Welches Gewicht ist zulässig?
Hva er høyeste tillatte vekt?
va: æ:r ᵛhœjəstə 'tılatə 'vɛkt

Wieviel wiegt es?
Hvor mye veier det?
vur ᵛmy:ə 'væjər də

Telegramme

Ich möchte ein Telegramm nach ... aufgeben.
Jeg skal sende et telegram til ...
jæj skal ᵛsɛnə ət tele'gram tıl

Geben Sie mir bitte ein Formular für das Ausland.
Kan jeg få en blankett for telegram til utlandet.
kan jæj fo: ən blaŋ'kɛt fər tele'gram tıl ᵛʉ:tlanə

Wieviel kostet ein gewöhnliches Telegramm ins Ausland?
Hva koster et vanlig telegram til utlandet?
va: ᵛkəstər ət ᵛva:nlı tele'gram tıl ᵛʉ:tlanə

Was wird für das Wort berechnet?
Hva koster det pr. ord?
va: ᵛkəstər də pær 'u:r

Wieviel kosten 10 Worte?
Hvor mye koster 10 ord?
vur ᵛmy:ə ᵛkəstər ti: u:r

Kann ich die Antwort vorausbezahlen?
Kan jeg betale for svar?
kan jæj be'ta:lə fər 'sva:r

Ja, aber Sie müssen die Buchstaben RP hinzufügen.
Ja, men De må føye til bokstavene RP.
ja: mɛn di mo ᵛfœjətɪl buk'sta:vənə ær pe:

Wieviel kostet es als dringendes Telegramm?
Hva koster det som iltelegram?
va: ᵛkɔstər də sɔm ᵛi:ltele'gram

Wieviel kostet ein Blitztelegramm?
Hva koster det med ekspressbud?
va: ᵛkɔstər də me ɛks'prɛsbʉ:d

Mit bezahlter Rückantwort?
Med svar betalt?
me 'sva:r be'ta:lt

Sie müssen Namen und Adresse des Absenders angeben.
De må oppgi navn og adresse på avsenderen.
di mo 'ɔpji: 'navn ɔ ad'rɛsə po ᵛa:vsɛnərən

Wann ungefähr wird das Telegramm ankommen?
Når omtrent er telegrammet framme?
'nɔr ɔm'trɛnt æ:r tele'gramə ᵛframə

Telefon

Wo kann ich telefonieren?
Hvor kan jeg telefonere?
vur kan jæj telefu'ne:rə

Kann ich mal telefonieren?
Kan jeg få lov til å ringe?
kan jæj fo'lo:vtɪl oᵛrɪŋə

Wo ist die nächste Fernsprechzelle?
Hvor er nærmeste telefonkiosk?
vur æ:r ᵛnærməstə tele'fu:nçɔsk

Wollen Sie ein Orts- oder ein Ferngespräch führen?
Skal De ha en lokalsamtale eller rikstelefon?
skal di ha: ən lu'ka:lsamta:lə 'ɛlər 'rɪkstelefu:n

Bitte geben Sie mir die Nummer ...
Kan jeg få nummer ...
kan jæj fo: 'numər

Wissen Sie die Nummer?
Kjenner De nummeret?
ᵛçɛnər di 'numərə

Nein, hier sind Name und Adresse.
Nei, her er navn og adresse.
næj hæ:r æ:r 'navn ɔ ad'rɛsə

Sie können die Nummer selbst wählen.
De kan slå nummeret selv.
di kan slo: 'numərə 'sɛl

Könnten Sie mir bitte ein Telefonbuch geben?
Unnskyld, kan De gi meg en telefonkatalog?
'ʉnʃʏl kan di ji: mæj ən tele'fu:nkatalo:g

Die Leitung ist besetzt.
Linjen er opptatt.
ᵛlɪnjən æ:r 'ɔptat

Der Teilnehmer antwortet nicht.
Abonnenten svarer ikke.
abu'nɛntən ᵛ sva:rər ᵛɪkə

Ihr Gespräch ist in Kabine ..., bitte melden!
Deres samtale kommer i boks ..., vær vennlig å svare!
ᵛde:rəs ᵛsamta:lə 'kɔmər i 'bɔks ... væ:r ᵛvɛnlɪ oᵛsva:rə

Bleiben Sie am Apparat!
Vent litt i telefonen!
vɛnt lɪt i tele'fu:nən

Legen Sie nicht auf!
Legg ikke på røret!
lɛg ᵛɪkə po: 'rø:rə

Hallo!
Hallo!
ha'lu:

Hier spricht ...
Dette er ...
ᵛdɛtə æ:r

Wer spricht?
Hvem er det som snakker?
vɛm æ:r də sɔm ᵛsnakər

Wen möchten Sie sprechen?
Hvem vil De snakke med?
vɛm vɪl di ᵛsnakəme:

Rufen Sie bitte Herrn ...
Vær snill å ringe til herr ...
væ:r 'snɪl oᵛrɪŋə tɪl hær

Kann ich mit Frau ... sprechen?
Kan jeg få snakke med fru ...?
kan jæj fo ᵛsnakəme: frʉ:

Ist am Apparat.
Det er meg.
de æ:r 'mæj

... ist nicht zu Hause.
... er ikke hjemme.
æ:r ᵛɪkə ᵛjɛmə

Kann ich etwas ausrichten?
Er det noen beskjed?
æ:r də ᵛnu:ən bə'ʃe:

Sprechen Sie noch?
Taler De ennå?
ᵛta:lər di ᵛɛno

Unterbrechen Sie nicht!
De må ikke bryte!
di mo: ᵛɪkə ᵛbry:tə

Buchstabiertafel

A	a:	Anna	'ana
B	be:	Bernhard	'bæ:rnhart
C	se:	Cæsar	'se:sa(:)r
D	de:	David	ᵛda:vid
E	e:	Edith	'e:dɪt
F	ɛf	Fredrik	'frɛdrɪk
G	ge:	Gustav	ᵛgʉsta(:)v
H	ho:	Harald	ᵛharal
I	i:	Ivar	ᵛi:va:r
J	jɔd	Johan	ju'han
K	ko:	Karin	ᵛka:ri(:)n
L	ɛl	Ludvig	'lʉdvi(:)k
M	ɛm	Martin	'martɪn
N	ɛn	Nils	nɪls
O	u:	Olivia	u'li:vɪa
P	pe:	Petter	'pɛtər
Q	kʉ:	Quintus	'kvɪntʉs
R	ær	Rikard	'rɪkart
S	ɛs	Sigrid	'sɪgrɪ(d)
T	te:	Teodor	'te:udu(:)r
U	ʉ:	Ulrik	'ʉlrɪk
V		Enkelt-v	'ɛŋkəltve:
W		Dobbelt-v	'dəbəltve:
X	ɛks	Xerxes	'(k)særksɛs
Y	y:	Yngling	ᵛʏŋlɪŋ
Z	sɛt	Zakarias	saka'ri:as
Æ	æ:	Ærlig	ᵛæ:rlɪ
Ø	ø:	Østen	'œstən
Å	o:	Åse	ᵛo:sə

Münzautomat — Gebrauchsanleitung

1. Den Hörer abnehmen und das Tonzeichen abwarten.

   Løft mikrotelefonen av og vent på summetonen.

2. Zwei unbeschädigte Münzen zu 25 Öre in den Schlitz stecken und die gewünschte Nummer wählen.

   Legg på 2 stk. ubeskadigede 25-ører og innstill telefonnummeret.

3. Wenn die gewünschte Nummer besetzt ist oder nicht antwortet, bekommen Sie die Münzen im Rückgabebecher zurück, wenn der Hörer eingehängt wird.

   Ved opptatt eller ikke svar kommer myntene ut igjen når mikrotelefonen blir hengt opp.

Gespräche von diesem Apparat werden nach 5 Minuten getrennt. 20 Sekunden vor dem Ablauf der Sprechzeit hören Sie ein Warntonzeichen, Morsezeichen K (-.-).

Samtalene ved dette apparat blir brutt etter 5 minutter. 20 sekunder før nedbryting høres en varseltone morsetegn K (-.-).

BANK UND GELDWECHSEL

Auskunft

Wo ist hier eine Bank?
Hvor er det en bank her i nærheten?
vur æːr də ən 'baŋk hæːr i 'næːrheːtən

Wo kann man Geld wechseln?
Hvor kan man få vekslet penger?
vur kan man fo ᵛvɛksløt ᵛpɛŋər

Gibt es hier eine Wechselstube?
Er det noe vekselkontor her?
æːr də ᵛnuːə 'vɛksəlkuntuːr hæːr

Wo ist die Zentralbank?
Hvor er sentralbanken?
vur æːr sɛnt'raːlbaŋkən

Geldwechsel

Ich möchte Geld umwechseln.
Jeg skulle ha vekslet noen penger.
jæj ᵛskʉlə haᵛvɛksløt ᵛnuːən ᵛpɛŋər

Wieviel wollen Sie wechseln?
Hvor mye vil De veksle?
vur ᵛmyːə vɪl di ᵛvɛkslə

Wie ist der Kurs?
Hva er kursen?
vaː æːr 'kʉrsən

Ist das der offizielle Kurs?
Er det den offisielle kursen?
æːr deː dən ɔfɪsɪ'ɛlə 'kʉːrsən

Können Sie mir 100 DM in norwegische Kronen umwechseln?
Kan De veksle 100 D-mark i norske kroner?
kan di ᵛvɛkslə ᵛhʉndrə 'deːmark i ᵛnɔrskə ᵛkruːnər

Ich möchte 300 norwegische Kronen in DM umwechseln.
Jeg ville gjerne ha vekslet 300 norske kroner i tyske mark.
jæj ᵛvɪlə ᵛjæːrnə haᵛvɛksløt treː ᵛhʉndrə ᵛnɔrskə ᵛkruːnər i ᵛtʏskə mark

Wieviel Kronen bekomme ich für 100 DM?
Hvor mange kroner får jeg for 100 mark?
vur ᵛmaŋə ᵛkruːnər foːr jæj fɔr ᵛhʉndrə mark

Wie wollen Sie das Geld haben?
Hvordan vil De ha pengene?
ˈvurdan vɪl di ˈhaː ᵛpɛŋənə

Wollen Sie auch Kleingeld?
Vil De ha småpenger også?
vɪl di ha(ː) ᵛsmoːpɛŋər ˈɔso

Ich möchte kleinere Scheine.
Jeg vil gjerne ha mindre sedler.
jæj vɪl ᵛjæːrnə ha(ː) ˈmɪndrə ˈsɛdlər

Kleingeld, bitte!
Kan jeg få småpenger?
kan jæj fo(ː) ᵛsmoːpɛŋər

Mir genügen 10 Kronen in Münzen, den Rest in Noten.
Det greier seg med 10 kroner i mynt, resten i sedler.
də ᵛgræjər sæj me ˈtiː ᵛkruːnər i ˈmʏnt ˈrɛstən i ˈsɛdlər

Geldverkehr

Ich habe einen Kreditbrief auf Ihre Bank.
Jeg har et kreditiv i Deres bank.
jæj haːr ət krediˈtiːv i ᵛdeːrəs baŋk

Kann ich für diesen Kreditbrief hier Geld bekommen?
Kan jeg få penger her på dette kreditivet?
kan jæj foː ᵛpɛŋər hæːr po ᵛdɛtə krediˈtiːvə

Ich möchte diesen Scheck einlösen.
Jeg vil gjerne heve denne sjekken.
jæj vɪl ᵛjæːrnə ᵛheːvə ᵛdɛnə ˈʃɛkən

Ich möchte Geld *abheben (einzahlen)*.
Jeg vil gjerne *heve (innbetale)* noen penger.
jæj vɪl ᵛjæːrnə ᵛheːvə (ˈɪnbetaːlə) ᵛnuːən ᵛpɛŋər

Ist Geld für mich eingegangen?
Er det kommet noen penger til meg?
æːr də ᵛkɔmət ᵛnuːən ᵛpɛŋər tɪl mæj

Hier ist mein Paß.
Her er passet mitt.
hæːr æːr ˈpasə mɪt

Haben Sie eine telegrafische Überweisung für mich erhalten?
Er det overført noen penger telegrafisk til meg?
æːr də ᵛoːvərføːrt ᵛnuːən ᵛpɛŋər teleˈgraːfɪsk tɪl mæj

Wie heißen Sie?
Hva heter De?
vaː ᵛheːtər di

Welche Summe?
Hvilken sum?
ᵛvɪlkən ˈsʉm

Haben Sie einen Ausweis?
Har De legitimasjon?
haːr di legitimaˈʃuːn

Wie ist Ihre Adresse?
Hvilken adresse har De?
ᵛvɪlkən ad'rɛsə haːr di

Bitte an die Kasse!
De får det i kassen.
di foːr də i ᵛkasən

auszahlen	utbetale	'ʉːtbetaːlə
Bank	bank, -en, -er	baŋk
Bankanweisung	bankanvisning, -en, -er	'baŋkanviːsnɪŋ
Bankkonto	bankkonto, -en, -konti	'baŋkəntu
Barzahlung	kontant betaling	kun'tant be'taːlɪŋ
Betrag	beløp, -et, -	be'løːp
Devisen	fremmed valuta	ᵛfrɛməd va'lʉta
einzahlen	innbetale	'ɪnbetaːlə
Formular	blankett, -en, -er	blaŋ'kɛt
Geld	penger	ᵛpɛŋər
– Bargeld	kontanter	kun'tantər
– Kleingeld	småpenger	ᵛsmoːpɛŋər
– Papiergeld	papirpenger	pa'piːrpɛŋər
– Dollar	dollar, -en, -	'dəlar
– Mark	mark, -en, -	mark
– österreichischer Schilling	østerrikske schilling	ᵛœstəriːkskə 'ʃɪlɪŋ
– Schweizer Franken	sveitserfranc, -en, -	'svæjtsərfraŋ
Kredit	kreditt, -en, -er	kre'dɪt
Kreditbrief	kreditiv, -et, -er	kredi'tiːv
Kurs	kurs, -en, -er	kʉːrs
– Tageskurs	dagens kurs	'daːgəns kʉːrs
Münze	mynt, -en, -er	mʏnt
Quittung	kvittering, -en, -er	kvɪ'teːrɪŋ
Scheck (Barscheck)	sjekk (kontantsjekk), -en, -er	(kun'tant)ʃɛk
– Inhaberscheck	ihendehaversjekk	iᵛhɛndəhaːvərʃɛk
– Reisescheck	reisesjekk	ᵛræjsəʃɛk
– nicht übertragbar	kan ikke overdras	kan ᵛɪkə ᵛoːvərdraːs
Scheckformular	sjekkformular, -en, -er	'ʃɛkfərmʉ'laːr
Transfer	valutaoverføring, -en, -er	va'lʉtaoːvərføːrɪŋ
Überweisung	overføring, -en, -er	ᵛoːvərføːrɪŋ
Verfalltag	forfallsdag, -en, -er	ᵛfərfalsdaːg

Währung	valuta, -en, -er	va'lʉta
Wechsel	veksel, -en, -ler	'vɛksəl
Wert	verdi, -en, -er	vær'diː
Zahlung	betaling, -en, -er	be'taːlɪŋ

Die norwegische *Währung:*

1 krone = 100 øre

a) *Kupfermünzen:* 1, 2, 5 øre; b) *Nickelmünzen:* 10, 25, 50 øre, 1 krone, 5 kroner; c) *Papiergeld:* 10, 50, 100, 500, 1000 kroner.

1 øre	'ɛt ᵛøːrə	*oder*	ettøring, -en, -er	ᵛɛtøːrɪŋ
2 øre	'tuː ᵛøːrə	*oder*	toøring	ᵛtuːøːrɪŋ
5 øre	'fɛm ᵛøːrə	*oder*	femøring	ᵛfɛmøːrɪŋ
10 øre	'tiː ᵛøːrə	*oder*	tiøring	ᵛtiːøːrɪŋ
25 øre	çʉːə 'fɛm ᵛøːrə	*oder*	femogtyveøring	ᵛfɛmətyːv(ə)-øːrɪŋ
50 øre	'fɛmtɪ ᵛøːrə	*oder*	femtiøre, -n, -r	ᵛfɛmtɪøːrə
1 krone	'eːn ᵛkruːnə	*oder*	kronestykke, -t, -r	ᵛkruːnəstʏkə
5 kroner	'fɛm ᵛkruːnər	*oder*	femkroning, -en, -er	ᵛfɛmkruːnɪŋ
10 kroner	'tiː ᵛkruːnər	*oder*	tier, -en, -e	'tiːər
50 kroner, 100 kroner, 500 kroner, 1000 kroner	'fɛmtɪ ᵛkruːnər *usw. od.*		femtikroneseddel *usw. od.* femtilapp *usw.*	'fɛmtɪkruː-nəsɛdəl 'fɛmtɪlap

AUF DER POLIZEI

Anmeldung

Wo ist das Polizeirevier?
Hvor er politistasjonen?
vur æːr pulɪ'tiːstaʃuːnən

Ich möchte mich anmelden.
Jeg ville gjerne registreres.
jæj ᵛvɪlə ᵛjæːrnə regɪ'streːrəs

Wo ist das Meldeamt?
Hvor er fremmedpolitiet?
vur æːr ᵛfrɛmədpulɪ'tiːə

Woher kommen Sie?
Hvor kommer De fra?
vur 'kɔmər di fra(ː)

Ich komme aus ...
Jeg kommer fra ...
jæj ˈkɔmər fra

Welche Staatsangehörigkeit haben Sie?
Hvor har De statsborgerskap?
vur haːr di ˈstaːtsbɔrgərskaːp

Ich bin Deutsche(r) / Österreicher(in) / Schweizer(in).
Jeg er tysk / østerriker / sveitser.
jæj æːr ˈtʏsk / ˅œstəriːkər / ˈsvæjtsər

Haben Sie einen Paß oder einen Personalausweis?
Har De pass eller noen annen legitimasjon?
haːr di ˈpas ˈɛlər ˅nuːən ˅aːən legitimaˈʃuːn

Welches ist der Zweck Ihres Aufenthaltes?
Hvilket formål har De med oppholdet?
˅vɪlkət ˅fɔrmoːl haːr di me ˈɔphɔlə

Wo wohnen Sie?
Hvor bor De?
vur ˈbuːr di

Geben Sie mir Ihre Personalien an.
Gi meg Deres personalia.
jiː mæj ˅deːrəs pærsuˈnaːlɪa

Ihr Familienname?
Deres etternavn?
˅deːrəs ˅ɛtərnavn

Ihr Vorname?
Deres fornavn?
˅deːrəs ˅fɔrnavn

Wo und wann sind Sie geboren?
Hvor og når er De født?
vur ɔ nɔr æːr di fœt

Was für einen Beruf haben Sie?
Hva slags yrke har De?
ˈvaːslaks ˅ʏrkə haːr di

Wo arbeiten Sie?
Hvor arbeider De?
vur ˅arbæjdər di

Sind Sie *verheiratet (ledig)*?
Er De *gift (ugift)*?
æːr di ˈjɪft (˅ʉːjɪft)

Wie lange werden Sie sich hier aufhalten?
Hvor lenge kommer De til å oppholde Dem her?
vur ˅lɛŋə ˈkɔmər di tɪl oˈɔphɔlə dəm hæːr

Etwa sechs Monate.
Seks måneder omtrent.
ˈsɛks ˅moːntər ɔmˈtrɛnt

Ich bin von Freunden eingeladen.
Jeg er invitert av noen venner.
jæj æːr ɪnviˈteːrt a ˅nuːən ˅vɛnər

Ich mache eine Ferienreise.
Jeg er på feriereise.
jæj æːr po ˈfeːrɪəræjsə

Ich möchte meine Aufenthaltsgenehmigung verlängern lassen.
Jeg vil gjerne få forlenget oppholdstillatelsen.
jæj vɪl ˅jæːrnə fo fɔrˈlɛŋət ˅ɔphɔlstɪlaːtəlsən

Anzeige

Ich möchte ... anzeigen.
Jeg kommer for å anmelde ...
jæj 'kɔmər fɔr o'anmɛlə

einen Diebstahl	et tyveri	ət tyːvə'riː
einen Verlust	at jeg har mistet noe	at jæj haːr ᵛmɪstət ᵛnuːə
einen Unfall	en ulykke	ən ᵛʉːlʏkə

Mir ist ... gestohlen worden.
Noen har stjålet ...
ᵛnuːən haːr ᵛstjoːlət

meine Brieftasche ..	lommeboka mi	ᵛluməbuːka mi
ein Handkoffer	en koffert	ən 'kufərt
meine Uhr	klokka mi	ᵛklɔka mi
meine Aktenmappe .	min dokument-mappe	miːn dukʉ'mɛnt-mapə
meine Tasche	vesken min	ᵛvɛskən miːn

Ich habe ... verloren.
Jeg har mistet ...
jæj haːr ᵛmɪstət

meinen Schirm	paraplyen min	para'plyːən miːn
eine Perlenkette	et perlekjede	ət ᵛpæːrləçeːdə
einen Ring	en ring	ən rɪŋ
einen Regenmantel ..	en regnfrakk	ən ᵛræjnfrak
einen Hut	en hatt	ən hat

Ist *er (sie, es)* (zufällig) gefunden worden?
Er *den (den, det)* (tilfeldigvis) blitt funnet?
æːr dɛn (dɛn, deː) (tɪl'fɛldɪviːs) blɪt ᵛfʉnət

Wo haben Sie *ihn (sie, es)* zuletzt gesehen?
Hvor så De *den (den, det)* siste gang?
vur 'soː di dən (dən, də) ᵛsɪstə gaŋ

Beschreiben Sie *ihn (sie, es)*!
Kan De beskrive *den (den, det)*?
kan di be'skriːvə dən (dən, də)

GESUNDHEIT

Apotheke

Wo ist eine Apotheke?
Hvor er det et apotek?
vur æːr də ət apu'teːk

Ich habe ein Rezept.
Jeg har en resept.
jæj haːr ən re'sɛpt

Können Sie mir diese Medizin geben?
Kan De gi meg denne medisinen?
kan di jiː mæj ᵛdɛnə medɪ'siːnən

Wann ist es fertig?
Når er den ferdig?
nɔr æ(ː)r dən ᵛfærdɪ

Kann ich warten?
Kan jeg vente?
kan jæj ᵛvɛntə

Ich komme später wieder.
Jeg kommer igjen senere.
jæj 'kɔmər ɪ'jɛn ᵛseːnərə

Ich möchte ...
Jeg ville gjerne ha ...
jæj ᵛvɪlə ᵛjæːrnə haː

ein Abführmittel ...	et avføringsmiddel	ət 'aːvføːrɪŋsmɪdəl
ein Beruhigungsmittel ...	noe beroligende	ᵛnuːə bə'ruːligənə
ein blutstillendes Mittel ...	et blodstillende middel	ət ᵛbluːstɪlənə 'mɪdəl
ein Desinfektionsmittel ...	et desinfeksjonsmiddel	ət dɛsɪnfɛk'ʃuːnsmɪdəl
ein Hustenmittel ...	et middel mot hoste	ət 'mɪdəl muːt ᵛhustə
ein Schlafmittel ...	et sovemiddel	ət ᵛsoːvəmɪdəl
ein Stärkungsmittel .	noe styrkende	ᵛnuːə ᵛstʏrkənə
ein (Vorbeugungs-) Mittel gegen ...	et forebyggende middel mot	ət ᵛfoːrəbʏgənə 'mɪdəl muːt

Können Sie mir etwas geben gegen ...?
Kan De gi meg noe for ...?
kan di jiː mæj ᵛnuːə fɔr

Durchfall ...	diaré	dia'reː
Erkältung ...	forkjølelse	fɔr'çøːləlsə
Fieber ...	feber	'feːbər
Halsschmerzen ...	halssmerter	ᵛhalsmærtər
Hühneraugen ...	liktorn	ᵛliːktuːrn
Insektenstiche ...	insektstikk	ᵛɪnsɛktstɪk
Kopfschmerzen ...	hodepine	ᵛhuːdəpiːnə
Schnupfen ...	snue	ᵛsnʉːə
Sonnenbrand ...	solbrenthet	ᵛsuːlbrɛntheːt
Zahnschmerzen ...	tannverk	ᵛtanværk

Medikamente

Alkohol	sprit, -en	spri:t
Ampulle	ampulle, -n	am^{v}pʉlə
Antibiotikum	antibioticum, -et	antɪbi'u:tɪkʉm
Antiseptikum	antiseptisk middel	antɪ'sɛptɪsk 'mɪdəl
Aspirin	aspirin	aspɪ'ri:n
Augenwasser	øyenbad	^{v}œjənba:d
äußerlich	utvortes	^{v}ʉ:tvɔrtəs
Baldrian	baldrian, -en	'baldrɪan
Binde	bind, -et	bɪn
– elastische Binde	elastisk bind	e'lastɪsk bɪn
– Leibbinde	magebind	^{v}ma:gəbɪn
– Mullbinde	gasbind	'ga(:)sbɪn
Brechmittel	brekkmiddel	'brɛkmɪdəl
Bruchband	brokkbind	'brɔkbɪn
Chinin	kinin	çi'ni:n
Einreibemittel	noe til å gni inn	^{v}nu:ə tɪl o'gni: ɪn
essigsaure Tonerde	aluminiumacetat	alʉ'mi:nɪʉmase'ta:t
Gift	gift, -en	jɪft
– Gegengift	motgift, -en	^{v}mu'tjɪft
Glyzerin	glyserin, -en	glysə'ri:n
Gurgelwasser	gurglevann, -et	^{v}gʉrgləvan
innerlich	innvortes	^{v}ɪnvɔrtəs
Jod(tinktur)	jod(tinktur)	'ju:d(tɪŋk'tʉ:r)
Kamille	kamille	ka^{v}mɪlə
Kampfer	kamfer	'kamfər
Karbolsäure	karbolsyre, -n	kar'bu:lsy:rə
Kohletabletten	kulltabletter	^{v}kʉltab'lɛtər
Kompresse	kompress	kɔm'prɛs
Medizin *(Arznei)*	medisin	medɪ'si:n
Menthol	mentol	mɛn'tu:l
Mittel	middel, -et	'mɪdəl
– fiebersenkendes	feberstillende	'fe:bərstɪlənə
Natron	natriumbikarbonat	'na:trɪʉm'bi:karbuna:t
Packung	pakning, -en	^{v}paknɪŋ
Pfefferminze	peppermynte	pɛpər^{v}mʏntə
Pflaster	plaster, -et	'plastər

– Hühneraugen-pflaster	liktornplaster	ˇliːktuːrnplastər
Pille	pille, -n	ˇpɪlə
Puder	pudder, -et	ˈpʉdər
Pulver	pulver, -et	ˈpʉlvər
– auflösen	løse opp	ˇløːsə ɔp
Rizinusöl	ricinusolje, -n	ˈriːsɪnʉsɔljə
Salbe	salve, -n	ˇsalvə
– Borsalbe	borsalve	ˈbuːrsalvə
– Lippensalbe	leppesalve, -n	ˇlɛpəsalvə
– Wundsalbe	sårsalve, -n	ˇsoːrsalvə
– Zinksalbe	sinksalve, -n	ˈsɪŋksalvə
Salmiakgeist	salmiakkspiritus	salmɪˈakspiːrɪtʉs
Serum	serum, -et	ˈseːrʉm
Spritze	sprøyte, -n	ˇsprœjtə
Tablette	tablett, -en	tabˈlɛt
Thermometer	termometer, -et	tærmuˈmeːtər
Tinktur	tinktur, -en	tɪŋkˈtʉːr
Traubenzucker	druesukker, -et	ˇdrʉːəsukər
Tropfen	dråper	ˇdroːpər
– Augentropfen	øyendråper	ˇœjəndroːpər
– Magentropfen	magedråper	ˇmaːgədroːpər
Umschlag	omslag, -et	ˇɔmslaːg
Vaseline	vaselin, -en	vasəˈliːn
Verband	forbinding, -en	fərˈbɪnɪŋ
Verbandzeug	forbindingssaker	fərˈbɪnɪŋsaːkər
Wasserstoffsuper-oxyd	vannstoffsuper-oksyd	ˇvanstɔfˈsʉːpər-ɔksyːd
Watte	bomull, -en	ˇbɔmʉl (ˇbumʉl)

Einzunehmen	taes	ˇtaːəs
vor dem Essen	før maten	føːr ˈmaːtən
nach dem Essen	etter maten	ˇɛtər ˈmaːtən
vor dem Schlafen-gehen	om kvelden før man legger seg	ɔm ˈkvɛlən føːr man ˈlɛgər sæj
nüchtern	på fastende hjerte	po ˇfastənə ˇjærtə

Arzt

Ich muß einen Arzt aufsuchen.
Jeg må oppsøke en lege.
jæj mo 'ɔpsø:kə ən ᵛle:gə

Ich fühle mich schlecht.
Jeg føler meg uvel.
jæj ᵛfø:lər mæj ᵛʉ:vɛl

Können Sie mir einen guten Arzt empfehlen?
Kan De anbefale meg en god lege?
kan di 'anbefa:lə mæj ən gu: ᵛle:gə

Einen Chirurgen?
En kirurg?
ən çɪ'rʉrg

Wann hat er Sprechstunde?
Når har han kontortid?
nər ha:r han kun'tu:rti:d

Wo wohnt er?
Hvor bor han?
vur bu:r han

Rufen Sie bitte einen Arzt.
Kan De sende en lege?
kan di ᵛsɛnə en ᵛle:gə

Arzt	lege, -n, -r	ᵛle:gə
Augenarzt	øyenlege, -n	ᵛœjənle:gə
Chirurg...........	kirurg, -en, -er	çɪ'rʉrg
Frauenarzt	kvinnelege, -n	ᵛkvɪnəle:gə
Hals-, Nasen- und Ohrenarzt	øre-nese-hals-spesialist, -en	ᵛø:rəᵛne:sə'hals-spesɪa'lɪst
Kinderarzt	barnelege, -n	ᵛba:rnəle:gə
Nervenarzt........	nervelege, -n	ᵛnærvəle:gə
Praktischer Arzt ...	praktiserende lege	praktɪ'se:rənə ᵛle:gə
Tierarzt	dyrlege, -n	'dy:rle:gə
Zahnarzt	tannlege, -n	ᵛtanle:gə

Ist der Herr Doktor zu Hause?
Er doktoren til stede?
æ:r 'dɔkturən tɪlᵛste:də

Sind Sie bestellt?
Har De bestilt time?
ha:r di be'stɪlt ᵛti:mə

Ich fühle mich sehr schlecht.
Jeg føler meg veldig dårlig.
jæj ᵛfø:lər mæj ᵛvɛldɪ ᵛdo:rlɪ

Ich muß ihn sprechen.
Jeg må snakke med ham.
jæj mo: ᵛsnakə me ham

Nehmen Sie bitte im Wartezimmer Platz.
Vær så snill å ta plass på venteværelset.
væ:r so'snɪl o'ta: 'plas po ᵛvɛntəvæ:rəlsə

Werde ich warten müssen?
Må jeg vente?
mo jæj ᵛvɛntə

Sie werden aufgerufen.
Navnet Deres blir ropt opp.
'navnə ᵛde:rəs bli:r ᵛruptɔp

Untersuchung und Behandlung

Was fehlt Ihnen?
Hva feiler Dem?
vaː 'fæjlər dɛm

Worunter leiden Sie?
Hva er det som plager Dem?
vaː æːr də səm ᵛplaːgər dɛm

Welche Beschwerden haben Sie?
Hva er i veien med Dem?
vaː æːr i'væjən me dɛm

Wo haben Sie Schmerzen?
Hvor er det De har vondt?
vur æːr də di haːr 'vunt

Was tut Ihnen weh?
Hva er det som gjør vondt?
vaː æːr də səm jøːr 'vunt

Tut es hier weh?
Gjør det vondt her?
jøːr də 'vunt hæːr

Wie ist Ihre Verdauung?
Hvordan er det med fordøyelsen?
'vurdan æːr də me fər'dœjəlsən

Schlafen Sie gut?
Sover De godt?
'soːvər di 'gət

Seit einigen Tagen fühle ich mich nicht wohl.
De siste par dagene har jeg ikke følt meg riktig bra.
di ᵛsɪstə par ᵛdaːgənə haːr jæj ᵛɪkə føːlt mæj ᵛrɪktɪ 'braː

Ich habe hier Schmerzen.
Jeg har vondt her.
jæj haːr 'vunt hæːr

Der *Hals (Kopf)* tut mir weh.
Jeg har vondt i *halsen (hodet)*.
jæj haːr 'vunt i 'halsən (ᵛhuːdə)

Ich habe Rückenschmerzen.
Jeg har vondt i ryggen.
jæj haːr 'vunt i 'rʏgən

Ich habe mir den Magen verdorben.
Jeg er ikke bra i magen.
jæj æːr ᵛɪkə braː i ᵛmaːgən

Ich habe Bauchschmerzen
Jeg har vondt i magen.
jæj haːr 'vunt i ᵛmaːgən

Ich habe mich erkältet.
Jeg er blitt forkjølt.
jæj æːr blɪt fər'çøːlt

Ich leide an Schlaflosigkeit.
Jeg lider av søvnløshet.
jæj ᵛliːdər a sœvnløːsheːt

Ich verdaue schlecht.
Jeg har dårlig fordøyelse.
jæj haːr ᵛdoːrlɪ fər'dœjəlsə

Ich vertrage die Hitze nicht.
Jeg tåler ikke varmen.
jæj 'toːlər ᵛɪkə ᵛvarmən

Ich habe mir die Finger erfroren.
Jeg har frosset av seg fingrene.
jæj haːr ᵛfrəsə a sæj 'fɪŋrənə

Ich habe mir den Fuß verstaucht.
Jeg har forstuet foten.
jæj haːr fər'stʉːət 'fuːtən

Ich habe mir den Arm verrenkt.
Jeg har forvridd armen.
jæj haːr fər'vrɪd 'armən

Ich bin gestürzt.
Jeg falt.
jæj falt

Jch fürchte, es ist ein Bruch.
Jeg er redd det er et brudd.
jæj æːr ˈrɛd də æːr ət ˈbrʉd

Ich habe Schmerzen in der Seite.
Jeg har vondt i siden.
jæj haːr ˈvunt i ᵛsiːdən

Mir wird oft übel.
Jeg blir ofte uvel.
jæj bliːr ᵛɔftə ᵛʉːvɛl

Ich bin ohnmächtig geworden.
Jeg besvimte.
jæj beˈsviːmtə

Ich kann ... nicht bewegen.
Jeg kan ikke bevege ...
jæj kan ᵛɪkə bəˈveːgə

Ist es schlimm?
Er det farlig?
æːr də ᵛfaːrlɪ

Es ist nichts Schlimmes.
Det er ikke noe farlig.
də æːr ᵛɪkənuː ᵛfaːrlɪ

Es ist leider recht ernst.
Det er dessverre meget alvorlig.
də æːr dɛsˈværə ᵛmeːgət alˈvoːrlɪ

Sie müssen sich schonen.
De må være forsiktig.
di mo(ː) ᵛvæːrə fərˈsɪktɪ

Sie müssen das Bett hüten.
De må holde senga.
di mo(ː) ᵛhɔlə ˈsɛŋa

Machen Sie warme Umschläge.
Legg varme omslag.
lɛg ᵛvarmə ᵛɔmslaːg

Machen Sie einen kalten Umschlag um den Hals.
Legg et kaldt omslag rundt halsen.
ˈlɛg ət ˈkalt ᵛɔmslaːg rʉnt ˈhalsən

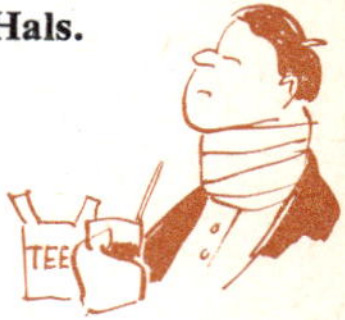

Sie müssen sofort ins Bett und schwitzen.
De må straks i seng og svette ut.
di mo ˈstraks iˈsɛŋ ɔ ᵛsvɛtə ʉːt

Atmen Sie tief ein!
Trekk pusten dypt inn!
ˈtrɛk ˈpʉstən ˈdʏpt ˈɪn

Zeigen Sie die Zunge.
Rekk ut tunga!
ᵛrɛkʉːt ᵛtuŋa

Sie müssen strenge Diät halten.
De må holde streng diett.
di mo ᵛhɔlə strɛŋ diˈɛt

Kein Fleisch, keinen Kaffee.
Ikke noe kjøtt, ingen kaffe.
ᵛɪkə ᵛnuːə ˈçœt ᵛɪŋən ˈkafə

Ich gebe Ihnen eine Spritze.
Jeg skal gi Dem en sprøyte.
jæj skal jiː dəm ən ᵛsprœjtə

Sie müssen geröntgt werden.
De må få tatt et røntgenbilde.
di mo foˈtat ət ˈrœntkənbɪldə

Körperteile und -funktionen

Achselhöhle	armhule, -n, -r	ˇarmhʉːlə
Ader	åre, -n, -r	ˇoːrə
Arm	arm, -en, -er	arm
– Oberarm	overarm	ˇoːvərarm
– Unterarm	underarm	ˇʉnərarm
Atmung	åndedrett, -et	ˇɔndədrɛt
Augapfel	øyeeple, -t	ˇœjəɛplə
Auge	øye, -t, øyne	ˇœjə, ˇœjnə
Augenbraue	øyenbryn, -et, -	ˇœjənbryːn
Augenlid	øyenlokk, -et, -	ˇœjənlɔk
Augenwimper	øyenvippe, -n -r,	ˇœjənvɪpə
Backe	kinn, -et, -	çɪn
Bauch	mage, -n, -r	ˇmaːgə
Bein	bein / ben, -et, -	bæjn / beːn
– Jochbein	åkben, -et, -	ˇoːkbeːn
– Schlüsselbein	nøkkelben, -et, -	ˇnœkəlbeːn
Blut	blod, -et	bluː
Brust (Busen)	bryst, -et, (byste, -n)	brʏst (ˇbʏstə)
Darm	tarm, -en, -er	tarm
Ellbogen	albue, -n, -r	ˇalbʉː(ə)
Ferse	hæl, -en, -er	heːl
Finger	finger, -en, -gre	ˈfɪŋər
– Daumen	tommelfinger	ˇtɔməlfɪŋər
– kleiner Finger	lillefinger	ˇlɪləfɪŋər
– Mittelfinger	langfinger	ˇlaŋfɪŋər
– Ringfinger	ringfinger	ˇrɪŋfɪŋər
– Zeigefinger	pekefinger	ˇpeːkəfɪŋər
Fuß	fot, -en, føtter	fuːt, ˈfœtər
Fußknöchel	ankel, -en, -kler	ˇaŋkəl
Fußsohle	fotsåle, -n, -r	ˇfuːtsoːlə
Galle	galle, -n	ˇgalə
Gaumen	gane, -n, -r	ˇgaːnə
Gehirn	hjerne, -n, -r	ˇjæːrnə
Gelenk	ledd, -et, -	lɛd
Genick	nakke, -n, -r	ˇnakə
Gesicht	ansikt, -et, -er	ˇansɪkt
Glieder	lemmer	ˇlɛmər
Haar	hår, -et	hoːr

Hals	hals, -en	hals
Hand	hånd, -en, hender	hɔn, 'hɛnər
Herz	hjerte, -t, -r	ᵛjærtə
Hüfte	hofte, -n, -r	ᵛhɔftə
Kehle	strupe, -n, -r	ᵛstrʉːpə
Kiefer	kjeve, -n, -r	ᵛçeːvə
– Oberkiefer	overkjeve, -n	ᵛoːvərçeːvə
– Unterkiefer	underkjeve, -n	ᵛʉnərçeːvə
Kinn	hake, -n, -r	ᵛhaːkə
Knie	kne, -et, knær	kneː, knæːr
Kniescheibe	kneskjell, -et, -	ᵛkneːʃɛl
Knöchel	knoke, -n, -r	ᵛknuːkə
Knochen	ben / bein, -et, -	beːn / bæjn
Kopf	hode, -t, -r	ᵛhuːdə
Körper	kropp, -en, -er	krɔp
Leber	lever, -en	'le(ː)vər
Leib	liv, kropp	liːv, krɔp
– Unterleib	underliv, -et	ᵛʉnərliːv
Lippe	leppe, -n, -r	ᵛlɛpə
Lunge	tunge, -nga, -r	ᵛtuŋə
Magen	mage, -n, -r	ᵛmaːgə
Menstruation	menstruasjon, -en	mɛnstrʉa'ʃuːn
Milz	milt, -en	mɪlt
Mund	munn, -en, -er	mʉn
Muskel	muskel, -elen, -ler	'mʉskəl
Nacken	nakke, -n, -r	ᵛnakə
Nagel	negl, -en, -er	næjl
Nase	nese, -n, -r	ᵛneːsə
Nasenloch	nesebor, -et, -	ᵛneːsəbuːr
Nerv	nerve, -n, -r	ᵛnærvə
Niere	nyre, -n, -r	ᵛnyːrə
Ohr	øre, -t, -r	ᵛøːrə
Rippe	ribben, -et, -	'rɪbeːn
Rücken	rygg, -en, -er	rʏg
Rückgrat	ryggrad, -en, -er	ᵛrʏgraːd
Rumpf	kropp, -en, -er	krɔp
Schädel	hodeskalle, -n, -r	ᵛhuːdəskalə
Schenkel	ben, -et, lår, -et	beːn, loːr
– Oberschenkel	lår, -et, -	loːr
– Unterschenkel	legg, -en, -er	lɛg

Schläfe	tinning, -en	ˇtɪnɪŋ
Schlund	svelg, -et, -	svɛlg
Schulter	skulder, -eren, -re	'skʉldər
Schulterblatt	skulderblad, -et, -	ˇskʉldərblaː
Schwangerschaft	svangerskap, -et	'svaŋərskaːp
Sehne	sene, -n, -r	ˇseːnə
Spann	vrist, -en, -er	vrɪst
Stirn	panne, -n, -r	ˇpanə
Stoffwechsel	stoffskifte, -t	'stɔfʃɪftə
Stuhlgang	avføring, -en	'aːvføːrɪŋ
Urin	urin, -en	ʉ'riːn
Verdauung	fordøyelse, -n	fɔr'dœjəlsə
Wade	legg, -en, -er	lɛg
Wange	kinn, -et, -	çɪn
Zahn	tann, tenner	tan, 'tɛnər
Zehe	tå, tær	toː, tæːr
große (kleine) Zehe	storetå (lilletå)	ˇstuːr(ə)toː (ˇlɪlətoː)
Zunge	tunge, ...nga, -er	ˇtuŋə

Krankheiten

(vgl. auch S. 128)

Abszeß	byll, -en, -er	bʏl
Anfall	anfall, -et, -	ˇanfal
Angina	angina	aŋ'giːna
Atemnot	åndenød, -en	ˇɔndənøːd
Augenkrankheit	øyensykdom, -men, -mer	ˇœjənsyːkdɔm
Ausschlag	utslett, -et	ˇʉːtslɛt
Bauchfellentzündung	bukhinnebetennelse, -n, -r	ˇbʉːkhɪnəbə'tɛnəlsə
Beule	kul, -en, -er	kʉːl
Bindehautentzündung	bindehinnebetennelse, -n, -r	ˇbɪnəhɪnəbə'tɛnəlsə
Blähung	vindkolikk, -en	ˇvɪnku'lɪk
Bleichsucht	bleksott, -en	ˇbleːksut
Blinddarmentzündung	blindtarmsbetennelse, -n	ˇblɪntarmsbə'tɛnəlsə
Blutarmut	blodmangel, -en	ˇbluːmaŋəl
Blutvergiftung	blodforgiftning, -en	ˇbluːfər'jɪftnɪŋ
Blutverlust	blodtap, -et	ˇbluːtaːp
Bruch	brudd, -et	brʉd

– Knochenbruch	benbrudd, -et	ᵛbeːnbrʉd
Cholera	kolera, -en	ˈkuːləra
Darmkatarrh	tarmkatarr, -en, -er	ᵛtarmkaˈtar
Diphterie	difteri, -en	dɪftəˈriː
Durchfall	diaré, -en	diaˈreː
Eiter	materie, -n	maˈteːrɪə
Entzündung	betennelse, -n, -r	bəˈtɛnəlsə
Erkältung	forkjølelse, -n	fərˈçøːləlsə
Fieber	feber, -en	ˈfeːbər
– Gelbfieber	gulfeber, -en	ᵛgʉːlfeːbər
– Sumpffieber	sumpfeber, -en	ˈsumpfeːbər
– Wechselfieber	malaria, -en	maˈlaːrɪa
Frostbeule	frostknute, -en	ˈfrəstknʉːtə
Furunkel	byll, -en, kvise, -n	bʏl, ᵛkviːsə
Gallensteine	gallestein, -en	ᵛgaləstæjn
Gelbsucht	gulsott, -en	ᵛgʉːlsut
Gerstenkorn	sti på øyet	stiː po ᵛœjə
Geschwulst	svulst, -en, -er	svʉlst
Geschwür	kong, -en, -er	kəŋ
Gicht	gikt, -a	jɪkt
Gonorrhöe	gonoré, -en	gənuˈreː
Grippe	influensa, -en	ɪnflʉˈɛnsa
Hämorrhoiden	hemorroider	hɛmuruᵛiːdər
Heiserkeit	heshet, -en	ˈheːsheːt
Herzfehler	hjertefeil, -en	ᵛjærtəfæjl
Herzinfarkt	hjerteinfarkt, -en	ᵛjærtəɪnˈfarkt
Hexenschuß	hekseskudd, -et	ᵛhɛksəskʉd
Hysterie	hysteri, -en	hʏstəˈriː
Ischias	isjias, -en	ˈɪʃjas
Kehlkopfentzündung	betennelse i strupehodet	bəˈtɛnəlsə i ᵛstrʉːpəhuːdə
Keuchhusten	kikhoste, -n	ᵛçiːkhustə
Kinderlähmung	barnelammelse, -n, poliomyelitt, -en	ᵛbaːrnəlaməlsə puliumyːəˈlɪt
Kolik	kolikk, -en	kuˈlɪk
Krampf	krampe, -n, -r	ᵛkrampə
Krampfadern	åreknuter	ᵛoːrəknʉːtər
Krankheit	sykdom, -men, -mer	ᵛsyːkdəm (ᵛsʏgdəm)
– ansteckende	smittsom	ᵛsmɪtsəm
– ernste	alvorlig	alˈvoːrlɪ

– gefährliche	farlig	ᵛfaːrlɪ
– Geschlechtskrankheit	kjønnssykdom, -men, -mer	'çœnsyːkdəm
– leichte	lett	lɛt
Krätze	skabb, -en	skab
Krebs	kreft, -en	krɛft
Kreislaufstörungen	kretsløpsforstyrrelser	'krɛtsløːpsfər'stʏrəlsər
Kurzsichtigkeit	nærsynthet, -en	ᵛnæːrsyːntheːt
Lähmung	lammelse, -n, -r	ᵛlaməlsə
Lebererkrankung ...	leversykdom, -men, -mer	'leːvərsyːkdəm
Leukämie	leukemi, -en	levke'miː
Lungenentzündung ..	lungebetennelse, -n, -r	ᵛluŋəbə'tɛnəlsə
Luftkrankheit	luftsyke, -n (fly)	'lʉftsyːkə
Mandelentzündung .	hovne (betente) mandler	ᵛhoːvnə (bə'tɛntə) 'mandlər
Masern	meslinger	ᵛmɛslɪŋər
Mattigkeit	matthet, -en	'matheːt
Migräne	migrene, -n	migᵛreːnə
Mittelohrentzündung	mellomørebetennelse, -n, -r	ᵛmɛləmøːrəbə'tɛnəlsə
Nasenbluten	neseblod, -et	ᵛneːsəbluː
Nervenleiden	nervesmerter	ᵛnærvəsmærtər
Nervenschock	nervesjokk, -et	ᵛnærvəʃək
Neuralgie	nevralgi, -en	nevral'giː
Nierenentzündung ..	nyrebetennelse, -n, -r	ᵛnyːrəbə'tɛnəlsə
Ohnmacht	besvimelselsanfall, -et	be'sviːməlsəsanfal
Pocken	kopper	ᵛkəpər
Quetschung	kvestelse, -n, -r	ᵛkvɛstəlsə
Rheuma(tismus)	reumatisme, -n	revma'tɪsmə
Rippenfellentzündung	brysthinnebetennelse, -n, -r	ᵛbrʏsthɪnəbə'tɛnəlsə
	plevritt, -en	plev'rɪt
Rose	rosen	'ruːsən
Scharlach	skarlagensfeber, -en	skar'laːgənsfeːbər
Schlaganfall	slag(anfall), -et	slaːg(ᵛanfal)
Schmerz(en)	smerte, -n, -r	ᵛsmærtə

– Halsschmerzen ...	halssmerter	ᵛhalsmærtər
– Magenschmerzen .	magesmerter	ᵛma:gəsmærtər
– Muskelschmerzen.	muskelsmerter	'muskəlsmærtər
– Ohrenschmerzen..	øreverk, -en	ᵛø:rəværk
Schnupfen	snue, -n	ᵛsnu:ə
Schüttelfrost	kulde-, febergysninger	ᵛkulə-, 'fe:bərjy:sniŋər
Schwindel	svimmelhet, -en	'svɪməlhe:t
Seekrankheit	sjøsyke, -n	ᵛʃø:sy:kə
Sehnenzerrung	senestrekk, -et	ᵛse:nəstrɛk
Seitenstechen	sting, -et; hold, -et	stɪŋ; həl
Sodbrennen	halsbrann, -en	ᵛhalsbran
Sonnenstich	solstikk, -et, -	ᵛsu:lstɪk
Syphilis	syfilis, -en	'sy:fɪlis
Taubheit	døvhet, -en	'dø:vhe:t
– taub	døv	dø:v
Tollwut	hundegalskap, -en	ᵛhunəga:lska:p
Tuberkulose	tuberkulose, -n	tubærkuᵛlu:sə
Typhus	tyfus, -en	'ty:fus
Unfall	ulykkestilfelle, -t, -r	ᵛu:lʏkəstɪlfɛlə
Verbrennung	forbrenning, -en, -er	fər'brɛnɪŋ
Verdauungsstörung .	fordøyelselsbesvær, -et	fər'dœjəlsəsbəsvæ:r
Vereiterung	verkdannelse, -n, -r	'værkdanəlsə
Vergiftung	forgiftning, -en, -er	fər'jɪftnɪŋ
Verletzung	skade, -n, -r	ᵛska:də
Verrenkung	forvridning, -en	fər'vri:dnɪŋ
Verstauchung	forstuing, -en	fər'stu:ɪŋ
Wunde	sår, -et	so:r
– Brandwunde	brannsår, -et, -	'branso:r
– Quetschwunde ...	kvestelse, -n, -r	ᵛkvɛstəlsə
– Schnittwunde	kuttsår, -et, -	'kutso:r
Zahnschmerz	tannverk, -en	ᵛtanværk
Zuckerkrankheit ...	sukkersyke, -n	ᵛsukərsy:kə

Zahnarzt

Kennen Sie einen guten Zahnarzt?
Vet De om en god tannlege?
ve:t di əm ən gu: ᵛtanle:gə

Sehen Sie bitte meine Zähne nach.
Vær så snill å se over tennene mine.
væːr soˈsnɪl oᵛseːoːvər ˈtɛnənə ᵛmiːnə

Ich habe Zahnschmerzen.
Jeg har tannverk.
jæj haːr ᵛtanværk

Dieser Zahn tut weh.
Det gjør vondt i denne tannen.
də jøːr ˈvunt i ᵛdɛnə ˈtanən

Wenn ich etwas Kaltes trinke, tut mir dieser Zahn weh.
Det gjør vondt i denne tannen når jeg drikker noe kaldt.
də jøːr ˈvunt i ᵛdɛnə ˈtanən nɔr jæj ˈdrɪkər ᵛnuːə ˈkalt

Dieser Zahn hat ein Loch.
Det er hull i denne tannen.
də æːr ˈhʉl i ᵛdɛnə ˈtanən

Die Plombe ist herausgefallen.
Plomben er falt ut.
ᵛpləmbən æːr falt ʉːt

Glauben Sie, daß der Zahn gezogen werden muß?
Tror De at jeg må trekke tannen?
truːr di at jæj mo ᵛtrɛkə ˈtanən

Schleifen Sie den Zahn bitte ab.
Vær så snill å slipe litt av tannen.
væːr soˈsnɪl oᵛsliːpə lɪt a ˈtanən

So stört er mich.
Den sjenerer meg slik den er nå.
dən ʃeˈneːrər mæj sliːk dən æːr noː

Ich muß den Zahn plombieren.
Jeg må plombere tannen.
jæj mo pləmˈbeːrə ˈtanən

Ich muß den Zahn ziehen.
Jeg må trekke tannen.
jæj mo ᵛtrɛkə ˈtanən

Auf diesen Backenzahn muß eine Krone.
Jeg må få en krone på denne jekselen.
jæj mo foː ən ᵛkruːnə po ᵛdɛnə ˈjɛksələn

Ich muß den Nerv töten.
Jeg må drepe nerven.
jæj mo ᵛdreːpə ᵛnærvən

Gebiß *(Zahnersatz)*	gebiss, -et	gəˈbɪs
Krone	krone, -n, -r	ᵛkruːnə
Plombe	plombe, -n, -r	ᵛpləmbə
Zahn	tann, -a, tenner	tan, ˈtɛnər
– brüchiger Zahn . . .	skjør tann	ʃøːr tan
– hohler Zahn	hultann, -a	ᵛhʉːltan
– künstlicher Zahn .	kunstig tann	ᵛkʉnstɪ tan

– Augenzahn	øyentann, hjørne-tann	ᵛœjəntan, ᵛjøːrnətan
– Backenzahn	jeksel, -en	ˈjɛksəl
– Schneidezahn	fortann	ᵛfɔrtan
– Stiftzahn	stifttann	ˈstɪftan
Zahnfleisch	tannkjøtt, -et	ᵛtançœt
Zahngeschwür	tannbyll, -en, -er	ᵛtanbʏl
Zahnwurzel	tannrot, -a, -røtter	ᵛtanruːt, -rœtər

KÖRPERPFLEGE

Toilettenartikel

Augenbrauenstift	øyenbrynstift,-en,-er	ᵛœjənbryːnstɪft
Blutstiller	blodstillende middel	ᵛbluːstɪlənə ˈmɪdəl
Bürste	børste, -n, -r	ᵛbœrstə
– Haarbürste	hårbørste	ᵛhoːrbœrstə
– Nagelbürste	neglebørste	ᵛnæjləbœrstə
Damenbinden	sanitetsbind, -et, -	sanɪˈteːtsbɪn
Frisiercreme	hårkrem, -en, -er	ᵛhoːrkreːm
Haarentferner	hårfjerningsmiddel	ᵛhoːrfjæːrnɪŋsmɪdəl
Haarfärbemittel	hårfargemiddel	ᵛhoːrfargəmɪdəl
Haarklemme	hårspenne, -n, -r	ᵛhoːrspɛnə
Haarnetz	hårnett, -et, -	ᵛhoːrnɛt
Haarspray	hårspray, -en	ᵛhoːrspræj
Haartrockner	hårtørrer, -en, -e	ᵛhoːrtœrər
Haarwaschmittel	hårsjampo, -en, -er	ᵛhoːrʃampu
Haarwasser	hårvann, -et, -	ᵛhoːrvan
Handtuch	håndkle, -klær	ᵛhɔnkle, -klæːr
Hautkrem	hudkrem, -en, -er	ᵛhʉːdkreːm
– Nachtkrem	nattkrem	ᵛnatkreːm
– Tageskrem	dagkrem	ᵛdaːgkreːm
Kamm	kam, -men, -mer	kam
Kölnisch Wasser	eau de cologne	ˈoːdəkɔˈlɔnj
Lavendel	lavendel	laˈvɛndəl
Lippenstift	leppestift, -en, -er	ᵛlɛpəstɪft
Lockenwickel *(Pl.)*	krøllspenner	ˈkrœlspɛnər
Mundwasser	munnvann, -et, -	ᵛmʉnvan
Nagelfeile	neglefil, -en, -er	ᵛnæjləfiːl
Nagellack	neglelakk, -en	ᵛnæjləlak

Nagellackentferner .	neglelakkfjerner, -en	ᵛnæjləlakfjæːrnər
Nagelschere	neglesaks, -en, -er	ᵛnæjləsaks
Parfüm	parfyme, -n, -r	parᵛfyːmə
Puder	pudder, -et, -	'pʉdər
– Körperpuder	talkum, -en	'talkʉm
Puderdose	pudderdåse, -n, -r	'pʉdərdoːsə
Puderquaste	pudderkvast, -en, -er	'pʉdərkvast
Rasierapparat	barberhøvel, -elen, -ler	bar'beːrhœvəl
Rasierklinge	barberblad, -et, -	bar'beːrblaː
Rasierkrem	barberkrem, -en, -er	bar'beːrkreːm
Rasierpinsel	barberkost, -en, -er	bar'beːrkust
Rasierseife	barbersåpe, -n, -r	bar'beːrsoːpə
Rasierwasser	barbervann, -et	bar'beːrvan
Schere	saks, -en, -er	saks
Schminke	sminke, -n	ᵛsmɪŋkə
Schwamm	svamp, -en, -er	svamp
Seife	såpe, -n, -r	ᵛsoːpə
– Badeseife	badesåpe	ᵛbaːdəsoːpə
– Toilettenseife	toalettsåpe	tua'lɛtsoːpə
Seifenschale	såpeskål, -en, -er	ᵛsoːpəskoːl
Sonnenöl	solbadolje, -n, -r	ᵛsuːlbaːdəljə
Spiegel	speil, -et, -	spæjl
Toilettenpapier	toalettpapir, -et, -	tua'lɛtpa'piːr
Trockenrasierer ...	barbermaskin, -en, -er	bar'beːrma'ʃiːn
Waschlappen	vaskeklut, -en, -er	ᵛvaskəklʉːt
Zahnbürste	tannbørste, -n, -r	ᵛtanbœrstə
Zahnpasta	tannkrem, -en, -er	ᵛtankreːm
Zahnputzglas	tannglass, -et, -	ᵛtanglas

sich abtrocknen	tørke seg	ᵛtœrkə sæj
sich kämmen	greie seg	ᵛgræjə sæj
sich schminken	sminke seg	ᵛsmɪŋkə sæj
sich waschen	vaske seg	ᵛvaskə sæj
sich die Zähne putzen	pusse tennene	ᵛpʉsə 'tɛnənə

Damenfriseur

Ich habe es eilig.
Jeg har det travelt.
jæj ha:r də 'tra:vəlt

Muß ich lange warten?
Må jeg vente lenge?
mo jæj ᵛvɛntə ᵛlɛŋə

Nehmen Sie Platz, gnädige Frau!
Ta plass, frue!
ta: 'plas ᵛfrʉ:ə

Sie sind an der Reihe!
Det er Deres tur!
də æ:r ᵛde:rəs tʉ:r

Womit kann ich Ihnen dienen?
Hva kan jeg hjelpe Dem med?
va: kan jæj ᵛjɛlpə dəm me:

Ich möchte die Haare waschen und legen lassen.
Jeg ville gjerne få vasket og lagt håret.
jæj ᵛvɪlə ᵛjæ:rnə foᵛvaskət ɔ 'lakt 'ho:rə

Ich möchte eine (kalte) Dauerwelle.
Jeg ville gjerne få en (kald) permanent.
jæj ᵛvɪlə ᵛjæ:rnə fo: ən (kal) pærma'nɛnt

Könnten Sie mich zur Dauerwelle vormerken?
Kunne jeg få bestille tid til en permanent?
ᵛkʉnə jæj fo be'stɪlə ti: tɪl ən pærma'nɛnt

Für morgen?
I morgen?
iᵛmo:rən

Schneiden Sie mir bitte die Haare etwas nach.
Kan De være så snill å stusse håret litt?
kan di ᵛvæ:rə so'snɪl oᵛstʉsə 'ho:rə lɪt

Schneiden Sie nur die Spitzen ab.
Kunne De bare klippe litt av tuppene.
ᵛkʉnə di ᵛba:rə ᵛklɪpə lɪt a ᵛtʉpənə

Haarwaschen bitte!
Jeg vil gjerne få vasket håret!
jæj vɪl ᵛjæ:rnə foᵛvaskət 'ho:rə

Möchten Sie Kamillen-, Ei- oder Öl-Shampoo?
Vil De ha kamille-, egg- eller oljesjampo?
vɪl di ha: kaᵛmɪlə- 'ɛg- 'ɛlər ᵛɔljəʃampu

Die Trockenhaube ist zu heiß.
Hårtørreren er for varm.
ᵛho:rtœrərən æ:r fər 'varm

Die Ohren sollen frei bleiben.
Ikke noe hår over ørene.
ˇɪkənuːə 'hoːr 'oːvər ˇøːrənə

Ein paar Locken.
Et par krøller.
ˇət par ˇkrœlər

Wünschen Sie den Scheitel in der Mitte oder an der Seite?
Vil De ha midtskill eller sideskill?
vɪl di haː ˇmɪtʃɪl 'ɛlər ˇsiːdəʃɪl

Ich möchte mir die Haare ... färben lassen.
Jeg ville gjerne få farget håret ...
jæj ˇvɪlə ˇjæːrnə foˇfargət 'hoːrə

aschblond	askeblondt	ˇaskəblɔnt
dunkelblond	mørkblondt	ˇmœrk(ə)blɔnt
hellblond	lysblondt	ˇlyːs(ə)blɔnt
kastanienbraun	kastanjebrunt	kas'tanjəbrʉːnt
kupferrot	kopperrødt	ˇkɔpərœt (ˇkɔbərœt)
schwarz	sort	surt

Bitte nur etwas nachfärben!
Kunne De bare friske opp fargen litt!
ˇkʉnə di ˇbaːrə ˇfrɪskə ɔp ˇfargən lɪt

Das ist zu *hell (dunkel)*.
Det er for *lyst (mørkt)*.
də æːr fər 'lyːst ('mœrkt)

Ich möchte manikürt werden.
Jeg vil gjerne få manikyr.
jæj vɪl ˇjæːrnə fo manɪ'kyːr

Ich möchte die Nägel ...
Jeg vil gjerne ha neglene ...
jæj vɪl ˇjæːrnə ha ˇnæjlənə

kurz	korte	ˇkɔrtə
lang	lange	ˇlaŋə
rund	runde	ˇrʉnə
spitz	spisse	ˇspɪsə

Soll ich Nagellack auftragen oder nur polieren?
Skal jeg ta på neglelakk eller skal jeg bare polere dem?
skal jæj ˇtaːpo ˇnæjləlak 'ɛlər skal jæj ˇbaːrə pu'leːrə dəm

Nehmen Sie farblosen Lack, bitte!
Ta en fargeløs lakk, er De snill!
taː ən ˇfargəløːs lak æːr di 'snɪl

Pediküre, bitte!
Jeg vil gjerne få pedikyr.
jæj vɪl ˇjæːrnə fo pedɪ'kyːr

Herrenfriseur

Ich habe es eilig.
Jeg har det travelt.
jæj haːr də 'traːvəlt

Muß ich lange warten?
Må jeg vente lenge?
mo jæj ᵛvɛntə ᵛlɛŋə

Sie sind der Nächste.
De er nestemann.
diː æːr ᵛnɛstəman

Nehmen Sie Platz!
Vær så god, ta plass!
væːr so'guː taː 'plas

Sie sind dran.
Nå er det Deres tur.
noː æːr də ᵛdeːrəs tʉːr

Sie wünschen, bitte?
Hva ønsker De?
vaː ᵛœnskər diː

Rasieren und Haarschneiden, bitte!
Barbering og hårklipp, takk!
bar'beːrɪŋ ɔ ᵛhoːrklɪp tak

Bitte Haarschneiden!
Jeg vil gjerne få klippet håret!
jæj vɪl ᵛjæːrnə foᵛ klɪpət 'hoːrə

Hinten und an den Seiten ganz kurz.
Helt kort bak og på sidene.
heːlt 'kɔrt baːk ɔ po ᵛsiːdənə

An den Seiten kurz.
Kort på sidene.
kɔrt po ᵛsiːdənə

***Vorn (Hinten)* nicht zu kurz.**
Ikke for kort *foran (bak)*.
ᵛɪkə fɔr 'kɔrt 'fɔran (baːk)

Stutzen Sie sie nur!
Bare stuss det litt!
ᵛbaːrə 'stʉs də lɪt

Schneiden Sie vorn nur die Spitzen ab.
Bare ta litt av tuppene foran.
ᵛbaːrə taː lɪt a ᵛtʉpənə 'fɔran

An der Seite noch etwas.
Ta litt til på siden.
taː lɪt 'tɪl po ᵛsiːdən

Genug so!
Sånn er passe!
'sɔn æːr ᵛpasə

Jetzt ist es richtig.
Nå er det bra.
noː æːr də braː

Machen Sie den Scheitel ...
Lag skillen ...
laːg 'ʃɪlən

links
på venstre side
po 'vɛnstrə ᵛsiːdə

rechts
på høyre side
po 'hœjrə ᵛsiːdə

in der Mitte.
i midten.
i 'mɪtən

Wollen Sie die Haare gewaschen haben?
Skal vi vaske håret?
skal vi ᵛvaskə 'hoːrə

Nein, danke!
Nei, takk!
'næj tak

Waschen Sie mir bitte das Haar!
Kunne De vaske håret mitt!
ᵛkʉnə di ᵛvaskə 'hoːrə mɪt

Eine Kopfmassage, bitte!
Jeg vil gjerne få litt hodemassasje!
jæj vɪl ᵛjæːrnə fo lɪt ᵛhuːdəma'saːʃə

Etwas Brillantine?
Litt briljantin?
lɪt brɪljan'tiːn

Etwas Haarwasser?
Litt hårvann?
lɪt ᵛhoːrvan

Rasieren, bitte!
Jeg vil gjerne barberes.
jæj vɪl ᵛjæːrnə bar'beːrəs

Bitte auch Rasieren!
Jeg vil også bli barbert, takk!
jæj vɪl 'ɔso bli bar'beːrt tak

Ich habe eine empfindliche Haut.
Jeg har en sensibel hud.
jæj haːr ən sɛn'siːbəl hʉːd

Das Rasiermesser kratzt.
Barberkniven lugger.
bar'beːrkniːvən ᵛlʉgər

Darf ich gegen den Strich rasieren?
Kan jeg barbere Dem mot hårene?
kan jæj bar'beːrə dəm muːt 'hoːrənə

Nicht gegen den Strich!
Ikke mot hårene!
ᵛɪke muːt 'hoːrənə

Soll ich Ihnen den Schnurrbart stutzen?
Skal jeg stusse barten litt?
skal jæj ᵛstʉsə 'bartən lɪt

Nicht zu kurz!
Ikke for kort!
ᵛɪkə fɔr 'kɔrt

Etwas Puder?
Litt pudder?
lɪt 'pʉdər

Etwas Kölnisch Wasser?
Litt eau de cologne?
lɪt 'oːdəkɔ'lɔnj

Bart	skjegg, -et	ʃɛg
– Kinnbart	hakeskjegg	ᵛhaːkəʃɛg
– Schnurrbart	bart, -en	bart
– Vollbart	fullskjegg	ᵛfʉlʃɛg
Friseur	frisør, -en, -er	fri'søːr
Haar *(Kopfhaar)* ..	hår, -et	hoːr
– bürsten	børste	ᵛbœrstə
– kämmen	greie	ᵛgræjə
– schneiden	klippe	ᵛklɪpə
Haarausfall	håravfall, -et	ᵛhoːraːvfal
Kopfschuppen	flass, -et	flas
Scheitel	skill, -et	ʃɪl

EINKÄUFE

Allgemeines

Wo bekommt man ...?
Hvor får man ...?
vur fo:r man

Wo kann ich ... kaufen?
Hvor kan jeg få kjøpt ...?
vur kan jæj fo 'çœpt

Kennen Sie ein gutes Geschäft für ...?
Vet De om en god forretning hvor jeg kan få kjøpt ...?
ve:t di ɔm ən gu: fɔ'rɛtnɪŋ vur jæj kan fo 'çœpt

Werden Sie schon bedient?
Får De?
'fo:r di

Wer bedient hier?
Hvem ekspederer her?
vɛm ɛkspə'de:rər hæ:r

Womit kann ich Ihnen dienen?
Hva kan jeg hjelpe Dem med?
va: kan jæj ᵛjɛlpə dəm me:

Was wünschen Sie?
Hva ønsker De?
va: ᵛœnskər di(:)

Ich möchte ...
Jeg ville gjerne ...
jæj ᵛvɪlə ᵛjæ:rnə

Ich brauche ...
Jeg trenger ... / Jeg skulle ha ...
jæj 'trɛŋər / jæj ᵛskʉlə ha:

Haben Sie ...?
Har De ...?
ha:r di

Geben Sie mir ...
Gi meg ...
ji: mæj

Zeigen Sie mir bitte ...
Kunne De vise meg ...
ᵛkʉnə di ᵛvi:sə mæj

Wieviel wünschen Sie?
Hvor meget ønsker De?
vur ᵛme:gət ᵛœnskər di

Wieviel kostet ...?
Hvor meget koster ...?
vur ᵛme:gət ᵛkɔstər

ein Stück	et stykke	ət ᵛstʏkə
ein Paar	et par	ət par
ein Kilo	et (en) kilo	ət (ən) 'çi:lu
ein Dutzend	et dusin	ət dʉ'si:n
ein Meter	en meter	ən 'me:tər
100 Gramm	100 gram, et hekto	ᵛhʉndrə gram, ət 'hɛktu

Das ist billig.
Det er billig.
de: æ:r ᵛbɪlɪ

Das ist preiswert.
Det er rimelig.
de: æ:r ᵛri:məlɪ

Das ist zu teuer.
Det er for dyrt.
de: æ:r fɔr 'dy:rt

Ich möchte etwas anderes.
Jeg ville gjerne ha noe annet.
jæj ᵛvɪlə ᵛjæ:rnə ha: ᵛnu:ə ᵛa:ənt

Dies gefällt mir (nicht).
Dette liker jeg (ikke).
ᵛdɛtə 'li:kər jæj (ᵛɪkə)

Kann ich es anprobieren?
Kan jeg få prøve det på?
kan jæj foᵛprøːvə də poː

Können Sie es mir ändern?
Kan De forandre på det for meg?
kan di fər'andrə po də fər mæj

Kann ich warten?
Kan jeg vente?
kan jæj ᵛvɛntə

Wann kann ich es bekommen?
Når kan jeg få det?
nər kan jæj foː də

Das ist zu ...
Det er for ...
deː æːr fər

eng	trangt	traŋt
groß	stort	stuːrt
klein	lite	'liːtə
kurz	kort	kərt
lang	langt	laŋt
weit	vidt	vɪt
hell	lyst	lyːst
dunkel	mørkt	mœrkt
leicht	lett	lɛt
schwer	tungt	tuŋt

Kaufabschluß

Ich nehme *ihn (sie, es, sie Pl.)*
Jeg tar *den (den, det, dem).*
jæj taːr dən (dən, də, dəm)

Wieviel macht es im ganzen?
Hvor meget blir det i alt?
vur ᵛmeːgət bliːr də i'alt

Bitte zur Kasse.
Vil De betale i kassen?
vɪl di be'taːlə i ᵛkasən

Wo ist die Kasse?
Hvor er kassen?
vur æːr ᵛkasən

Können Sie es mir einpacken?
Kunne De pakke det inn for meg?
ᵛkʉnə di ᵛpakə də ɪn fər mæj

Können Sie es ins Hotel schicken?
Kunne De sende det til hotellet?
ᵛkʉnə di ᵛsɛnə də tɪl hu'tɛlə

Ich hole es später ab.
Jeg henter det senere.
jæj ᵛhɛntər də ᵛseːnərə

Verpacken Sie es bitte gut!
Vær så snill å pakke det godt!
væːr so'snɪl oᵛpakə də gət

Farben

beige	beige	beːʃ
blau	blå	bloː
– dunkelblau	mørkeblå	ᵛmœrkəbloː

braun	brun	brʉːn
– kastanienbraun	kastanjebrun	kas'tanjəbrʉːn
gelb	gul	gʉːl
grau	grå	groː
– hellgrau	lysgrå	ᵛlyːs(ə)groː ('lyːs 'groː)
– dunkelgrau	mørkegrå	ᵛmœrkəgroː
grün	grønn	grœn
– hellgrün	lysgrønn	ᵛlyːs(ə)grœn ('lyːs 'grœn)
– dunkelgrün	mørkegrønn	ᵛmœrkəgrœn
lila	lilla	'lɪla
orange	oransje	u'raŋʃə
rosa	rosa	'ruːsa
rot	rød	røː
schwarz	sort, svart	surt, svart
weiß	hvit	viːt

Umtausch

Kann ich es umtauschen, wenn es mir nicht paßt?
Kan jeg få bytte det, hvis det ikke passer?
kan jæj fo ᵛbʏtə də vɪs də ᵛɪkə ᵛpasər

Es paßt mir nicht.
Det passer ikke.
də ᵛpasər ᵛɪkə

Es ist schon entzwei
Det er allerede i stykker.
de æːr 'aləᵛreːdə i'stʏkər

Es geht nicht mehr.
Det går ikke lenger.
də 'goːr ᵛɪkə 'lɛŋər

Es hat einen Fehler.
Det er en feil på det.
də æːr ən 'fæjl po də

Können Sie es mir umtauschen?
Kunne De bytte det for meg?
ᵛkʉnə di ᵛbʏtə də fər mæj

Es gefällt *meiner Frau (meinem Mann)* nicht.
Min kone (Min mann) liker det ikke.
min ᵛkuːnə (min 'man) 'liːkər də ᵛɪkə

Ohne Erfolg

Ich finde leider nicht, was ich suche.
Jeg finner dessverre ikke det jeg ser etter.
jæj 'fɪnər dɛs'værə ᵛɪkə deː jæj seːr 'ɛtər

Ich komme wieder.
Jeg kommer igjen senere.
jæj 'kɔmər ɪ'jɛn ᵛseːnərə

Geschäfte und Berufe

Arbeiter	arbeider, -en, -e	ᵛarbæjdər
Bäcker	baker, -en, -e	ᵛba:kər
Bäckerei	bakeri, -et, -er	ba:kə'ri:
Bauer	bonde, -n, bønder	ᵛbunə, 'bœnər
Beamte(r)	funksjonær, -en, -er	fʉŋkʃu'næ:r
Blumengeschäft	blomsterforretning, -en, -er	ᵛbləmstərfərɛtnɪŋ
Briefträger	postbud, -et, -	'pəstbʉ:d
Buchhändler	bokhandler, -en, -e	ᵛbu:khandlər
Buchhandlung	bokhandel, -en	ᵛbu:khandəl
Dolmetscher	tolk, -en, -er	təlk
Drogerie	fargehandel, -elen, -ler	ᵛfargəhandəl
Eisenbahner	jernbanemann, -en, ...menn	ᵛjæ:rnba:nəman, -mɛn
Elektriker	elektriker, -en, -e	e'lɛktrɪkər
Fischer	fisker, -en, -e	ᵛfɪskər
Fischhandlung	fiskehandel, -en	ᵛfɪskəhandəl
Fleischer, Schlächter	slakter, -en, -e	ᵛslaktər
Fleischerei	kjøttforretning, -en, -er	ᵛçœtfərɛtnɪŋ
Fotograf	fotograf, -en, -er	futu'gra:f
Fotogeschäft	fotoforretning, -en, -er	'fu:tufərɛtnɪŋ
Gärtnerei	gartneri, -et, -er	gartnə'ri:
Gemüsehandlung	grønnsakforretning, -en, -er	ᵛgrœnsa:kfərɛtnɪŋ
Glaser	glassmester, -eren, -re	ᵛglasmɛstər
Händler	kjøpmann, -en, ...menn	ᵛçø:pman, -mən
– Großhändler	grossist, -en, -er	gru'sɪst
Handlung, Geschäft	butikk, -en; forretning, -en	bʉ'tɪk; fə'rɛtnɪŋ
Handschuhladen	hanskeforretning, -en, -er	ᵛhanskəfərɛtnɪŋ
Hutgeschäft	hattebutikk, -en, -er	ᵛhatəbʉtɪk

Juwelier	gullsmedforretning, -en, -er	ᵛgʉlsmeːfɔrɛtnɪŋ
Klempner	blikkenslager, -en, -e	'blɪkənslaːgər
Koch	kokk, -en, -er	kɔk
Kolonialwarenhandlung	kolonialvareforretning, -en, -er	kulunɪ'aːlvaːrəfɔrɛtnɪŋ
Konditorei	konditori, -et, -er	kɔndɪtu'riː
Kraftfahrer	sjåfør, -en, -er	ʃɔ'føːr
Kunsthandlung	kunsthandel, -en	'kʉnsthandəl
Kürschner	buntmaker, -en, -e	'bʉntmaːkər
Lackiererei	lakkeringsverksted, -et, -er	la'keːrɪŋsværksteː
Lebensmittelgeschäft	dagligvareforretning, -en, -er	ᵛdaːglɪvaːrəfɔrɛtnɪŋ
Lederwarengeschäft	lærvareforretning, -en, -er	ᵛlæːrvaːrəfɔrɛtnɪŋ
Maler	maler, -en, -e	ᵛmaːlər
Maurer	murer, -en, -e	ᵛmʉːrər
Musikalienhandlung	musikkforretning, -en, -er	mʉ'sɪkfɔrɛtnɪŋ
Obsthändler	fruktbutikk, -en, -er	'frʉktbʉtɪk
Optiker	optiker, -en, -e	'ɔptɪkər
Papierhandlung	papirforretning, -en, -er	pa'piːrfɔrɛtnɪŋ
Putzmacherin	hattesyerske, -n, -r	ᵛhatəsyːərskə
Rechtsanwalt	advokat, -en, -er	advu'kaːt
Reiseandenken *pl.*	suvenirer	sʉvə'niːrər
Schlosser	låsesmed, -en, -er	ᵛloːsəsmeː
– Autoschlosser	bilreparatør, -en, -er	'biːlrepara'tøːr
Schmied	smed, -en, -er	smeː
– Goldschmied	gullsmed	ᵛgʉlsmeː
Schneider	skredder, -en, -e	ᵛskrɛdər
– Schneiderin	skredderske, -n, -r	ᵛskrɛdərskə
Schuhgeschäft	skotøyforretning, -en, -er	'skuːtœjfɔrɛtnɪŋ
Schuhmacher	skomaker, -en, -e	sku'maːkər
Schuhputzer	skopusser, -en, -e	'skuːpʉsər
Sportgeschäft	sportsforretning, -en, -er	'spɔrtsfɔrɛtnɪŋ
Student(in)	student, -en, -er	stʉ'dɛnt

Tabakladen	tobakkbutikk, -en, -er	tu'bakbʉ'tɪk
Teppichhändler	teppeforretning, -en, -er	ˇtɛpəfɔrɛtnɪŋ
Tischler	snekker, -en, -e	'snɛkər
Trikotagen	trikotasje, -n	trɪku'ta:ʃə
Uhrmacher	urmaker, -en, -e	'ʉ:rma:kər
Verkäufer	selger, -en, -e	ˇsɛlgər
Ware	vare, -n, -r	ˇva:rə
– Eisenwaren	jernvarer	ˇjæ:rnva:rər
– Goldwaren	gullsmedartikler	ˇgʉlsme:artɪklər
– Gummiwaren	gummiartikler	ˇgʉmɪartɪklər
– Haushaltswaren	husholdningsartikler	hʉs'hɔlnɪŋsartɪklər
– Kurzwaren	kortevarer	ˇkɔrtəva:rər
– Modewaren	moteartikler	ˇmu:təartɪklər
– Pelzwaren	pelsvarer	'pɛlsva:rər
– Schreibwaren	skrivesaker	ˇskri:vəsa:kər
– Spielwaren	leketøy	ˇle:kətœj
– Textilwaren	tekstiler, stoffer	tɛks'ti:lər, ˇstɔfər
Wäschegeschäft	undertøyforretning, -en, -er	ˇʉnərtœjfɔrɛtnɪŋ
Wäscherei	vaskeri, -et, -er	vaskə'ri:
Zeitungsverkäufer	avisselger, -en, -e	a'vi:sɛlgər

Blumen

Blumen	blomster	'blɔmstər
– Blumenstrauß	blomsterbukett, -en, -er	ˇblɔmstərbʉ'kɛt
Flieder	syrin, -en, -er	sy'ri:n
Nelke	nellik, -en, -er	'nɛlɪk
Rose	rose, -n, -r	ˇru:sə
Tulpe	tulipan, -en, -er	tʉlɪ'pa:n
Veilchen	fiol, -en, -er	fi'u:l

Buchhandlung

Buch	bok, -a, bøker	bu:k, 'bø:kər
– Wörterbuch	ordbok	ˇu:rbu:k
Landkarte	kart, -et, -	kart

Roman	roman, -en, -er	ru'ma:n
Reiseführer	reisehåndbok, -a, ...bøker	^{v}ræjsəhənbu:k, -bø:kər
Reisekarte	veikart, -et, -	^{v}væjkart
Sprachführer	lommeparlør, -en, -er	^{v}luməpar'lø:r
Stadtplan	bykart, -et, -	'by:kart

Fotohandlung

Abzug, Kopie	kopi, -en, -er	ku'pi:
Aufnahme	fotografi, -et, -er	futugra'fi:
– Momentaufnahme	øyeblikksfotografi	^{v}œjəblıksfutugra'fi:
Auslöser	utløser, -en, -e	^{v}ʉ:tlø:sər
– Selbstauslöser	selvutløser, -en, -e	^{v}sɛlʉ:tlø:sər
Belichtungsmesser	lysmåler, -en, -e	^{v}ly:smo:lər
Bild	bilde, -t, -r	^{v}bıldə
– Paßbild	passbilde	'pasbıldə
Blende	blender, -en, -e	^{v}blɛnər
Blitzlicht(gerät)	blitz, -en	blıts
Brennweite	brennvidde, -n, -r	'brɛnvıdə
Diapositiv	lysbilde, -t, -r	^{v}ly:sbıldə
Entwicklung	fremkalling, -en	'frɛmkalıŋ
Film	film, -en, -er	fılm
– Kleinbildfilm	småbildefilm	^{v}smo:bıldəfılm
– Farbfilm	fargefilm	^{v}fargəfılm
Gelbfilter	gulfilter, -eret, -rer	^{v}gʉ:lfıltər
Kamera, Apparat	kamera, -et, -	'ka:məra
Licht	lys, -et	ly:s
– Tageslicht	dagslys	'daksly:s
Linse, Objektiv	linse, -n, -r	^{v}lınsə
Negativ	negativ, -en, -er	'ne:gati:v
Stativ	stativ, -et, -er	sta'ti:v
Sucher	søker, -en, -e	^{v}sø:kər
Tageslichtpatrone	dagslyspatron, -en, -er	'daksly:spat'ru:n
Teleobjektiv	teleobjektiv, -et, -er	^{v}te:ləəbjɛkti:v
Vergrößerung	forstørrelse, -n, -r	fər'stœrəlsə
Verschluß	lukning, -en, -er	^{v}luknıŋ

einen Abzug machen	lage en kopi	ᵛla:gə ən ku'pi:
eine Aufnahme machen	ta bilde	ta: ᵛbıldə
belichten	belyse	be'ly:sə
entwickeln	fremkalle	'frɛmkalə
fotografieren	fotografere	futugra'fe:rə
scharf	skarp, tydelig	skarp, ᵛty:dəlı
unscharf	utydelig	ʉ:'ty:dəlı
überbelichtet	overeksponert	ᵛo:vərɛkspu'ne:rt
unterbelichtet	undereksponert	ᵛʉnərɛkspu'ne:rt

Entwickeln Sie mir bitte diesen Film.
Kunne De fremkalle denne filmen for meg.
ᵛkʉnə di 'frɛmkalə ᵛdɛnə 'fılmən fər mæj

Ich möchte je einen Abzug.
Jeg ville gjerne ha en kopi av hver.
jæj ᵛvılə ᵛjæ:rnə ha: e:n ku'pi: a 'væ:r

Ich möchte von jedem Negativ eine Vergrößerung.
Kunne jeg få en forstørrelse av hver negativ.
ᵛkʉnə jæj fo: e:n fər'stœrəlsə a 'væ:r 'ne:gati:v

Welches Format?
Hvilket format?
ᵛvılkət fər'ma:t

Sechs mal neun.
Seks ganger ni.
'sɛks gaŋər 'ni:

Neun mal zwölf.
Ni ganger tolv.
'ni: gaŋər 'təl

Wollen Sie glänzendes oder mattes Papier?
Vil De ha blankt eller matt papir?
vıl di ha: 'blaŋ(k)t 'ɛlər 'mat pa'pi:r

Optiker

Brille	brille, -n, -r	ᵛbrılə
– Sonnenbrille	solbrille	ᵛsu:lbrılə
Brillengestell	brilleinnfatning, -en, -er	ᵛbrıləınfatnıŋ
Fernglas	kikkert, -en, -er	'çıkərt
Kompaß	kompass, -et, -	kum'pas
Opernglas	teaterkikkert, -en, -er	te'a:tərçıkərt

Ich möchte diese Brille reparieren lassen.
Jeg ville gjerne få reparert denne brillen.
jæj ᵛvılə ᵛjæ:rnə fo repa're:rt ᵛdɛnə ᵛbrılən

Ich brauche ein Glas mit ... Dioptrien.
Jeg trenger glass med styrke ...
jæj 'trɛŋər glas me ᵛstʏrkə

Sind Sie kurzsichtig oder weitsichtig?
Er De nærsynt eller langsynt?
æːr di ᵛnæːrsyːnt 'ɛlər ᵛlaŋsyːnt

Jetzt sehe ich gut.
Nå ser jeg godt.
noː seːr jæj gɔt

Juwelier

Armband	armbånd, -et, -	ᵛarmbɔn
Brillant	briljant, -en, -er	brɪl'jant
Diamant	diamant, -en, -er	dia'mant
Brosche	brosje,-n, -r	ᵛbrɔʃə
Edelstein	edelsten, -en, -er	'eːdəlsteːn
Gold	gull, -et	gʉl
Karat	karat, -en	ka'raːt
Kette	kjede, -n, -r	ᵛçeːdə
– Halskette	halskjede	ᵛhalsçeːdə
Nadel	nål, -en, -er	noːl
Perle	perle, -n, -r	ᵛpæːrlə
Ring	ring, -en, -er	rɪŋ
– Ohrring	ørering	ᵛøːrərɪŋ
Silber	sølv, -et	sœl

Papierhandlung

Ansichtskarte	prospektkort, -et, -	pru'spɛktkɔrt
Bleistift	blyant, -en, -er	'blyːant
Briefumschlag	konvolutt, -en, -er	kɔnvu'lʉt
Füllfederhalter	fyllepenn, -en, -er	ᵛfʏləpɛn
Heft	hefte, -t, -r	ᵛhɛftə
Kalender	kalender, -eren, -rer	ka'lɛndər
Kugelschreiber	kulepenn, -en, -er	ᵛkʉːləpɛn
Kugelschreibermine	kulepennpatron,-en, -er	ᵛkʉːləpɛnpat'ruːn
Notizbuch	notisbok, -a, ...bøker	nu'tiːsbuːk, -bøːkər
Papier	papir, -et, -er	pa'piːr
– ein Bogen Papier	et ark papir	ət ark pa'piːr
– Briefpapier	brevpapir	ᵛbreːvpapiːr

– **Kohlepapier**	karbonpapir	kar'bɔŋpapi:r
– **Löschpapier**	trekkpapir	'trɛkpapi:r
– **Seidenpapier**	silkepapir	ᵛsɪlkəpapi:r
– **Zeichenpapier** ...	tegnepapir	ᵛtæjnəpapi:r
Radiergummi	viskelær, -et, -	ᵛvɪsk(ə)læ:r
Siegellack	segllakk, -en, -er	'sæjlak
Tinte	blekk, -et, -	blɛk

Reiseandenken

Dekor norw. Volksart	rosemaling, -en	ᵛru:səma:lɪŋ
Holzschnitzerei	treskurd, -en	ᵛtre:skʉ:r
Käsehobel, -messer .	ostehøvel, -en, -ler	ᵛustəhœvəl
Lappländer Pelztracht (Rentierfell) ..	pesk, -en, -er	pɛsk
Lappländer Schneeschuhe	skaller	ᵛskalər
norw. Märchengestalt	troll, -et, -	trɔl
Puppe mit Volkstracht	dukke med bunad	ᵛdʉkə me ᵛbʉ:na:(d)
Rentiergeweih	reinsdyrhorn, -et	'ræjnsdy:rhu:rn
Silberbrosche (mit Anhang)	sølje, -n, -r	ᵛsœljə
Silberwaren	sølvvarer	ᵛsœlva:rər
Soßenlöffel	sauseskje, -en, -er	ᵛsəʉsəʃe:
gemusterte Strickjacke	lusekofte, -a, -er	ᵛlʉ:səkɔftə

Uhrmacher

Uhr	ur, -et, -	ʉ:r
– **Armbanduhr**	armbåndsur	ᵛarmbɔnsʉ:r
– **Taschenuhr**	lommeur	ᵛluməʉ:r
– **Wecker**	vekkerklokke, -a, -r	ᵛvɛkə(r)klɔkə
Feder	fjær, -en, -er	fjæ:r
Gehäuse	urkapsel, -elen, -ler	'ʉ:rkapsəl
Glas	glass, -et, -	glas
Minutenzeiger	minuttviser, -en, -e	mɪ'nʉtvi:sər
Sekundenzeiger	sekundviser, -en, -e	se'kʉnvi:sər

Stundenzeiger	timeviser, -en, -e	ᵛtiːməviːsər
aufziehen	trekke opp	ᵛtrɛkə ɔp
regulieren	regulere	regʉ'leːrə
reinigen	rense	ᵛrɛnsə
reparieren	reparere	repa'reːrə

Meine Uhr geht vor.
Min klokke går for fort.
min ᵛklɔkə goːr fər 'furt

Sie geht nach.
Den går for sent.
dən goːr fər 'seːnt

Sie ist stehengeblieben.
Den er stoppet.
dən æːr ᵛstɔpət

Die Feder ist zerbrochen.
Fjæren er trukket av.
'fjæːrən æːr ᵛtrukət aːv

Die Uhr ist heruntergefallen.
Uret har falt ned.
'ʉrə haːr falt neːd

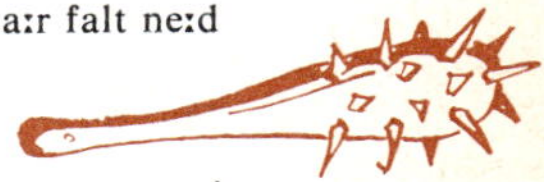

Waffenhändler

Gewehr	gevær, -et, -	ge'væːr
– Jagdgewehr	jaktgevær	'jaktgevæːr
– Kleinkalibergewehr	småkalibret gevær	ᵛsmoːkaliːbrət ge'væːr
– Schrotflinte	haglgevær	ᵛhagl(ə)gevæːr
Munition	ammunisjon, -en	amʉnɪ'ʃuːn
– Schrotpatrone ...	haglpatron, -en, -er	ᵛhagl(ə)pat'ruːn
Pistole	pistol, -en, -er	pɪs'tuːl
Zielfernrohr	kikkertsikte, -t, -r	'çɪkərtsɪktə

Tabakladen

Feuerstein	flintstein, -en, -er	ᵛflɪntəstæjn
Feuerzeug	sigarettenner, -en, -e	sɪga'rɛtɛnər
– Gasfeuerzeug	gasstenner	'gastɛnər
Feuerzeugbenzin ...	bensin til tennere	bɛn'siːn tɪl ᵛtɛnərə
Pfeife	pipe -a, -er	ᵛpiːpə
– Tonpfeife	leirpipe	ᵛlæjrpiːpə
Streichhölzer	fyrstikker	'fy(ː)rstɪkər
Tabak	tobakk, -en, -	tu'bak
Tabaksbeutel	tobakkpung, -en, -er	tu'bakpuŋ
Zigarette	sigarett, -en, -er	sɪga'rɛt
– Filterzigaretten ...	filtersigaretter	'fɪltərsɪga'rɛtər
– ohne Filter	uten filter	ᵛʉːtən 'fɪltər
Zigarre, Zigarillo ..	sigar, sigarillo	si'gaːr, sɪga'rɪlu
– leichte	mild	mɪl

Geben Sie mir bitte ein Päckchen ...-Zigaretten.
Vær snill å gi meg en pakke ... sigaretter.
væːr ˈsnɪl oˈjiː mæj ən ᵛpakə ... sɪgaˈrɛtər

Haben Sie deutsche Zigaretten?
Har De tyske sigaretter?
haːr di ᵛtʏskə sɪgaˈrɛtər

Wieviel kostet ein Päckchen?
Hvor meget koster en pakke?
vur ᵛmeːgət ᵛkɔstər ən ᵛpakə

Würden Sie mir bitte Feuer geben?
Kunne De være så snill å gi meg fyr?
ᵛkʉnə di ᵛvæːrə soˈsnɪl oˈjiː mæj ˈfyːr

Eine Kiste Zigarren, bitte.
En kasse sigarer, takk.
ən ᵛkasə siˈgaːrər tak

Würden Sie mir bitte das Feuerzeug füllen?
Kunne De være så snill å fylle tenneren for meg?
ᵛkʉnə di ᵛvæːrə soˈsnɪl oᵛfʏlə ᵛtɛnərən fɔr mæj

Kleidungsstücke

Anorak	anorakk, -en, -er	anuˈrak
Anzug	dress, -en, -er	drɛs
– einreihiger	enkeltspent	ˈɛŋkəltspɛnt
– zweireihiger	dobbeltspent	ˈdɔbəltspɛnt
– Gesellschaftsanzug	mørk dress	ˈmœrk ˈdrɛs
– Schianzug	skidrakt, -en, -er	ˈʃiːdrakt
– Schlafanzug	pyjamas, -en, -er	pʏˈʃaːmas
– Trainingsanzug	treningsoverall, -en, -er	ᵛtreːnɪŋsoːvəroːl
Bluse	bluse, -n, -r	ᵛblʉːsə
– Hemdbluse	skjortebluse, -n, -r	ᵛʃurtəblʉːsə
Büstenhalter	bysteholder, -en, -e	ᵛbʏstəhɔlər
Gürtel	belte, -t, -r	ᵛbɛltə
– Schnalle	spenne, -n, -r	ᵛspɛnə
Handschuh	hanske, -n, -r	ᵛhanskə
– Fausthandschuh	vott, -en, -er	vɔt
– Glacéhandschuh	glacehanske	glaˈseːhanskə
– Wildlederhandschuh	ruskinnshanske	ˈrʉːʃɪnshanskə
Hemd *(Oberhemd)*	skjorte, -n, -r	ᵛʃurtə
– seidenes	silke	ᵛsɪlkə
– weißes	hvit	viːt
– Flanellhemd	flanellskjorte	flaˈnɛlʃurtə
– Nachthemd	nattskjorte	ᵛnatʃurtə

– Netzhemd	helsetrøye, -n, -r	ˇhɛlsətrœjə
– Nylonhemd	nylonskjorte	ˈnyːlənʃurtə ('najlən'ʃurtə)
– Turnhemd	gymnastikktrøye	gʏmnas'tɪktrœjə
– Unterhemd	undertrøye	ˇʉnərtrœjə
Hose	bukse, -a, -er	ˇbuksə
– kurze, Shorts	shorts, -en	ʃoːrts
– Keilhose	skibukse, -a, -er	ˈʃiːbuksə
– Strandhose	piratbukse	piˈraːtbuksə
– Unterhose	underbukse	ˇʉnərbuksə
Hosenträger *pl.*	bukseseler	ˇbuksəseːlər
Hüftgürtel	hofteholder, -en, -e	ˇhɔftəhɔlər
Hut	hatt, -en, -er	hat
– Damenhut	damehatt	ˇdaːməhat
– Strohhut	stråhatt	ˇstroːhat
Jacke	jakke, -n, -r	ˇjakə
– Strickjacke	strikket jakke	ˇstrɪkət ˇjakə
Jackenkleid	todelt kjole	ˇtuːdeːlt ˇçuːlə
Jackett	sjakett, -en, -er	ʃaˈkɛt
Kappe	kappe, -n, -r	ˇkapə
Kapuze	hette, -a, -r	ˇhɛtə
Kittel	kittel, -elen, -ler	ˈkɪtəl
Kleid	kjole, -n, -r	ˇçuːlə
– Abendkleid	aftenkjole	ˇaftənçuːlə
– Ballkleid	ballkjole	ˈbalçuːlə
– Nachmittagskleid .	cocktailkjole	ˈkɔktæjlçuːlə
– Sportkleid	kåpekjole	ˇkoːpəçuːlə
– Unterkleid	underkjole	ˇʉnərçuːlə
Kostüm ***(Straßen-)***	drakt, -en, -er	drakt
Kragen	krage, -n, -r	ˇkraːgə
– gestärkter	stiv	stiːv
– weicher	bløt	bløːt
Krawatte	slips, -et, -	slɪps
Manschette	mansjett, -en -er	manˈʃɛt
Mantel ***(Damen-)*** ..	kåpe, -n, -r,	ˇkoːpə
– ***(Herren-)***	frakk, -en, -er	frak
– Bademantel	badekåpe	ˇbaːdəkoːpə
– Pelzmantel	pelskåpe	ˈpɛlskoːpə
– Regenmantel	regnkåpe, regnfrakk	ˇræjnkoːpə, ˇræjnfrak

– Übergangsmantel	overgangskåpe; -frakk	ˇo:vərgaŋsko:pə; -frak
Mütze	lue, -a, -r	ˇlʉ:ə
– Baskenmütze	alpelue	ˇalpəlʉ:ə
– Pelzmütze	pelslue, -a, -r	ˈpɛlslʉ:ə
Pelz	pels, -en, -er	pɛls
Pullover	pullover, -en, -e	ˈpʉlo:vər
Pyjama	pyjamas, -en, -er	pʏˈʃa:mas
Rock *(Damen-)*	skjørt, -et, -	ʃœrt
– Morgenrock	morgenkåpe, -n, -r	ˇmo:rənko:pə
– Unterrock	underskjørt, -et, -	ˇʉnərʃœrt
Schal	sjal, -et, -	ʃa:l
Schleier	slør, -et, -	slø:r
Schlüpfer, Slip	damebenklær, truse	ˇda:məbe:nklæ:r, ˇtrʉ:sə
Schürze	forkle, -et, forklær	ˇfɔrkle, ˇfɔrklæ:r
Socken	sokker	ˇsɔkər
Sockenhalter	sokkeholdere	ˇsɔkəhɔlərə
Strümpfe	strømper	ˇstrœmpər
– nahtlose Strümpfe	sømløse strømper	ˈsœmlø:sə ˇstrœmpər
Tuch	tørkle, -et, ...klær	ˇtœrkle, -klæ:r
– Halstuch	halstørkle	ˇhalstœrkle
– Taschentuch	lommetørkle	ˇlumətœrkle
Unterwäsche	undertøy, -et	ˇʉnərtœj
Wäsche	vasketøy, -et	ˇvaskətœj
Weste	vest, -en, -er	vɛst

Teile und Zubehör

Ärmel	erme, -t, -r	ˇærmə
Ausschnitt	utringning, -en	ˈʉ:trɪŋnɪŋ
Band	bånd, -et, -	bɔn
– Gummiband	strikk, -en, -	strɪk
Futter	for, -et, -	fu:r
Knopf	knapp, -en, -er	knap
– Kragenknopf	krageknapp	ˇkra:gəknap
– Manschettenknöpfe	mansjettknapper	manˈʃɛtknapər
Knopfloch	knapphull, -et, -	ˇknaphʉl
Reißverschluß	glidelås, -en, -er	ˇgli:dəlo:s

Schweißblatt	preserve, -n, -r	pre'særvə
Spitze	blonde, -n, -r	ᵛbləndə
Tasche	lomme, -n, -r	ᵛlumə

Stoffe

Stoff	stoff, -et, -	stəf
– geblümter	blomstret	ᵛbləmstrət
– gemusterter	mønstret	ᵛmœnstrət
– gestreifter	stripet	ᵛstri:pət
– karierter	rutet	ᵛrʉ:tət
– dünner	tynt	tʏnt
– knitterfreier	krøllfritt	'krœlfrɪt
– leichter	lett	lɛt
– schwerer	tungt	tuŋt
– grober	grovt	gro:ft
– haltbarer	holdbart	ᵛhəlba:rt
– waschechter	vaskeekte	ᵛvaskəɛktə
Atlas	atlassilke, -n	'atlasɪlkə
Batist	batist, -en	ba'tɪst
Baumwolle	bomull, -en	ᵛbəmʉl (ᵛbumʉl)
Flanell	flanell, -en	fla'nɛl
Kammgarn	kamgarn, -et	'kamga:rn
Kunstfaser	kunstfiberstoff	'kʉnstfi:bərstəf
Leinen	lerret, -en	ᵛlærɛt
Musselin	musselin, -en	mʉsə'li:n
Nylon	nylon, -en	'ny:lən ('najlən)
Popelin	poplin, -en	'pəpli:n
Samt	fløyel, -en	'flœjəl
Seide	silke, -n, -r	ᵛsɪlkə
– Kunstseide	kunstsilke	'kʉnstsɪlkə
– Rohseide	råsilke	ᵛro:sɪlkə
– Waschseide	vaskesilke	ᵛvaskəsɪlkə
Wolle	ull, -en	ʉl
– reine Wolle	ren ull	're:n 'ʉl

Pflegen, ändern, reinigen

ändern	forandre	fər'andrə
annähen	sy på	sy: po:
aufbügeln	stryke	ᵛstry:kə

ausbessern	reparere	repa'reːrə
entflecken	fjerne flekker	ᵛfjæːrnə ᵛflɛkər
nähen	sy	syː
reinigen	rense	ᵛrɛnsə
– chemisch reinigen.	kjemisk rensing	'çeːmɪsk ᵛrɛnsɪŋ
versetzen	flytte	ᵛflʏtə
waschen	vaske	ᵛvaskə
wenden	snu, vende	snʉː, ᵛvɛnə

Nähen

Abnäher	innsnitt, -et, -	ᵛɪnsnɪt
Faden, Garn	tråd, -en, -er	troː
Fingerhut	fingerbøl, -et, -	ᵛfɪŋərbø(ː)l
füttern	fore	ᵛfuːrə
Haken	hekte, -n, -r	ᵛhɛktə
heften	tråkle	ᵛtrɔklə
Nadel	nål, -en, -er	noːl
– Stecknadel	knappenål	ᵛknapənoːl
– Sicherheitsnadel ..	sikkerhetsnål	'sɪkərheːtsnoːl
Nähmaschine	symaskin, -en, -er	'syːmaʃiːn
Naht	søm, -men, -mer	sœm
Öse	malje, -n, -r	ᵛmaljə
Saum	fald, -en, -er	fal
Schere	saks, -en, -er	saks
Schnitt	snitt, -et, -	snɪt
Stich	sting, et-, -	stɪŋ
Zentimetermaß	centimetermål, -et; målebånd, -et, -	'sɛntɪmeːtərmoːl; ᵛmoːləbɔn
zuschneiden	klippe til	ᵛklɪpə tɪl
Zwirn	sytråd, -en, -er	'syːtroː

Anprobieren

Kann ich *es (ihn, sie)* anprobieren?
Kan jeg prøve *det (den)* på?
kan jæj ᵛprøːvə də (dən) 'poː

Hier sitzt es nicht.
Her sitter det ikke ordentlig.
hæːr 'sɪtər də ᵛɪkə 'ɔrntlɪ

Es spannt unter den Achseln.
Det strammer under skuldrene.
də ᵛstramər 'ʉnər ᵛskʉldrənə

Es wirft Falten.
Det danner seg rynker.
də ᵛdanər sæj ᵛrʏŋkər

Er (Sie, Es) **ist vorne länger.**
Den (Det) er lenger foran.
dən (də) æːr ˈlɛŋər ˈfɔran

Er (Sie, Es) **muß** ***enger (weiter)*** **gemacht werden.**
Den (Det) må *syes inn (legges ut).*
dən (də) mo ᵛsyːəsɪn (ᵛlɛgəsʉːt)

Er (Sie, Es) **muß** ***kürzer (länger)*** **gemacht werden.**
Den (Det) må *legges opp (legges ned).*
dən (də) mo ᵛlɛgəsɔp (ᵛlɛgəsneː)

Dieses Kleid steht Ihnen gut.
Denne kjolen passer De godt.
ᵛdɛnə ᵛçuːlən ᵛpasər di gɔt

Es macht schlank.
Man blir slank i den.
man bliːr ˈslaŋk i dən

Es trägt auf.
Man blir fyldigere i den.
man bliːr ᵛfʏldɪərə i dən

Schuhe

Ich möchte ein Paar Schuhe.
Jeg ville gjerne ha et par sko.
jæj ᵛvɪlə ᵛjæːrnə ha ət par skuː

Welche Schuhgröße haben Sie?
Hvilket nummer bruker De?
ᵛvɪlkət ˈnumər ᵛbrʉːkər di

Ich habe Größe 41.
Jeg bruker nummer 41.
jæj ᵛbrʉːkər ˈnumər fœrtɪˈeːn

Sie sind zu ***eng (weit).***
De er for *trange (vide).*
di(ː) æːr fɔr ᵛtraŋə (ᵛviːə)

Sie drücken hier.
De trykker litt her.
di ᵛtrʏkər lɪt hæːr

Die ***Farbe (Form)*** **gefällt mir nicht.**
Jeg liker ikke *fargen (fasongen).*
jæj ˈliːkər ᵛɪkə ᵛfargən (faˈsɔŋən)

Können Sie mir diese Schuhe reparieren?
Kan De reparere disse skoene for meg?
kan di repaˈreːrə ᵛdɪsə ˈskuː(ə)nə fɔr mæj

Ich möchte die Schuhe besohlt haben.
Jeg ville gjerne få halvsålt disse skoene.
jæj ᵛvɪlə ᵛjæːrnə foᵛhalsoːlt ᵛdɪsə ˈskuː(ə)nə

Neue Absätze, bitte!
Jeg ville gjerne få nye hæler.
jæj ᵛvɪlə ᵛjæːrnə fo ᵛnyːə ᵛheːlər

Können Sie mir das nähen?
Kunne De sy det for meg?
ᵛkʉnə di ˈsyː də fɔr mæj

Wann sind sie fertig?
Når er de ferdige?
nɔr æːr di ᵛfærdɪ(ə)

Absatz	hæl, -en, -er	he:l
– hoher	høy	hœj
– niedriger	lav	la:v
– Gummiabsätze	gummihæl	ᵛgʉmɪhe:l
Kappe	hælkappe, -n, -r	ᵛhe:lkapə
Leder	lær, -et, -	læ:r
– Kalbleder	kalveskinn, -et	ᵛkalvəʃɪn
– Oberleder	overlær	ᵛo:vərlæ:r
– Rindleder	oksehud, -en	ᵛuksəhʉ:d
– Wildleder	ruskinn, -et	ˈrʉ:ʃɪn
Leisten	lest, -en, -er	lɛst
Pantoffel	tøffel, -en, -fler	ˈtœfəl
Sandale	sandal, -en, -er	sanˈda:l
Schnürsenkel	skolisser	ˈsku:lɪsər
Schuh	sko, -en, -	sku:
– Gummischuhe	gummisko	ᵛgʉmɪsku:
– Halbschuhe	lave sko	ᵛla:və sku:
– Lackschuhe	lakksko	ˈlaksku:
– Sportschuhe	sportssko	ᵛspɔrtsku:
– Strandschuhe	strandsko	ᵛstransku:
Schuhanzieher	skohorn, -et, -	ˈsku:hu:rn
Schuhkrem	skokrem, -en, -er	ˈsku:kre:m
Schuhsohle	skosåle, -n, -r	ˈsku:so:lə
Sohle	såle, -n, -r	ᵛso:lə
– Einlegesohle	innleggsåle	ᵛɪnlɛgso:lə
– Korksohle	korksåle	ˈkɔrkso:lə
Stiefel	støvel, -elen, -ler	ᵛstœvəl
– Ski-Stiefel	skistøvel	ˈʃi:stœvəl

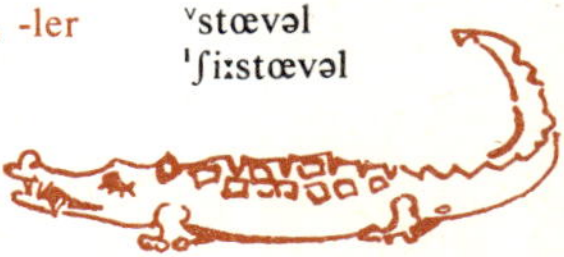

Andere Lederwaren

Brieftasche	lommebok, -a, ...bøker	ᵛluməbu:k, -bø:kər
Gürtel	belte, -t, -r	ᵛbɛltə
Handtasche	håndveske, -a, -r	ᵛhɔnvɛskə
Koffer	koffert, -en, -er	ˈkufərt
Mappe	mappe, -n, -r	ᵛmapə
Portemonnaie	portemone, -en, -er	purt(ə)muˈne:
Riemen	rem, -men, -mer	rɛm

KONZERT, THEATER UND KINO

Allgemeines

Was machen wir heute abend?
Hva skal vi gjøre i kveld?
va: skal vi ᵛjø:rə i'kvɛl

Wohin gehen wir heute abend?
Hvor skal vi gå hen i kveld?
vur skal vi 'go:hɛn i'kvɛl

Wollen Sie lieber ins Theater oder ins Kino gehen?
Vil De heller gå i teater eller på kino?
vɪl di 'hɛlər go: i te'a:tər 'ɛlər po 'çi:nu

Gibt es hier *ein Kino (ein Theater)*?
Finnes det *en kino (et teater)* her?
fɪns də ən 'çi:nu (ət te'a:tər) hær

Was wird gegeben?
Hva er det som blir spilt?
va æ:r də səm bli:r 'spɪlt

Was für ein Film ist das?
Hva slags film er det?
'va:slaks 'fɪlm æ(:)r de:

Kartenkauf

Wo bekommt man Karten?
Hvor er billettsalget?
vur æ:r bɪ'lɛtsalgə

Wann beginnt der Vorverkauf?
Når begynner forsalget?
nər be'jʏnər ᵛfərsalgə

Gibt es noch Karten für *heute (morgen) abend*?
Er det noen billetter igjen til *i kveld (i morgen kveld)*?
æ:r də ᵛnu:ən bɪ'lɛtər ɪ'jɛn tɪl i'kvɛl (i'mo:rən 'kvɛl)

Ich möchte einen *Parkettplatz (Logenplatz)*.
Jeg ville gjerne ha *en plass i parkett (en losjeplass)*.
jæj ᵛvɪlə ᵛjæ:rnə ha: e:n plas i par'kɛt (ən 'lu:ʃəplas)

Geben Sie mir einen Platz in der Mitte.
Vær snill å gi meg en plass i midten.
væ:r 'snɪl o'ji: mæj ən plas i 'mɪtən

Ein Platz in der ... Reihe.
En plass på ... rad.
e:n plas po ... ra:d

Zwei Galerieplätze, bitte!
To plasser på galleriet, takk.
tʉ: ᵛplasər po galə'ri:ə tak

Balkon	balkong, -en, -er	bal'kəŋ
Galerie	galleri, -et, -er	galə'ri:
Loge	losje, -n, -r	'lu:ʃə

Parkett	parkett	par'kɛt
Rang	losjerad	'lu:ʃəra:d
Reihe	benkerad, -en, -er	ᵛbɛŋkəra:d
Sitzplatz	sitteplass, -en, -er	ᵛsɪtəplas
Stehplatz	ståplass, -en, -er	'sto:plas

Oper und Theater

Wo ist die Garderobe?
Hvor er garderoben?
vur æ:r gardəᵛru:bən

Ein Programm, bitte!
Et program, takk!
ət pru'gram tak

Wo ist mein Platz?
Hvor er min plass?
vur æ:r mi:n plas

Ich finde die Garderobenmarke nicht.
Jeg finner ikke garderobemerket.
jæj 'fɪnər ᵛɪkə gardəᵛru:bəmærkə

Akt	akt, -en, -er	akt
Aufführung	forestilling, -en, -er	ᵛfo:rəstɪlɪŋ
– Erstaufführung ...	première, -n, -r	premɪᵛæ:rə
Auftritt	opptreden, -en, -er	ᵛɔptre:dən
Ballett	ballett, -en, -er	ba'lɛt
Bühne	scene, -n, -r	ᵛse:nə
Dekoration	dekorasjon, -en, -er	dekura'ʃu:n
Foyer	foajé, -en, -er	fua'je:
Inszenierung	iscenesettelse, -n	iᵛse:nəsɛtəlsə
Komödie, Lustspiel .	komedie, -n, -r, lystspill, -et, -	ku'me:dɪə, 'lʏstspɪl
Kostüme	kostymer	kɔsᵛty:mər
Kulissen	kulisser	kʉ'lɪsər
Ouvertüre	ouverture, -n, -r	uvərᵛty:rə
Regisseur	regissør, -en, -er	reʃi'sø:r, regɪ'sø:r
Rolle	rolle, -n, -r	ᵛrɔlə
– Hauptrolle	hovedrolle	ᵛhu:vədrɔlə
Schauspieler	skuespiller, -en, -e	ᵛskʉ:əspɪlər
Schauspielerin	skuespillerinne, -n, -r	skʉ:əspɪlərᵛɪnə
Textbuch	rollehefte, -t, -r	ᵛrɔləhɛftə
Tragödie	tragedie, -n, -r	tra'ge:dɪə
Vorhang	teppe, -t, -r	ᵛtɛpə
Zuschauerraum	teatersal, -en, -er	te'a:tərsa:l

Konzert

Wann fängt das Konzert an?
Når begynner konserten?
nɔr be'jʏnər kun'særtən

Wo findet es statt?
Hvor holdes den?
vur ᵛhɔləs dɛn

Begleitung	akkompagnement, -et	akɔmpanjə'maŋ
Chor	kor, -et	ku:r
Gesang	sang, -en, -er	saŋ
Instrument	instrument, -et, -er	ɪnstrʉ'mɛnt
Kapelle	orkester, -et, -	ɔr'kɛstər
Konzertsaal	konsertsal, -en, -er	kun'særtsa:l
Lied	vise, -a, -r	ᵛvi:sə
– Volkslied	folkevise	ᵛfɔlkəvi:sə
Musikstück	musikkstykke, -t, -r	mʉ'sɪkstʏkə
Orchester	orkester, -et, -	ɔr'kɛstər
– Blasorchester	hornmusikk, -en	ᵛhu:rnmʉsɪk
Sänger	sanger, -en, -e	ᵛsaŋər
Solist	solist, -en, -er	su'lɪst
Stimme	stemme, -n, -r	ᵛstɛmə
Tänzer	danser, -en, -e	ᵛdansər

Kino

Läuft der Film in Originalfassung?
Vises filmen i originalutgave?
ᵛvi:səs 'fɪlmən i ɔr(ɪ)gɪ'na:lʉ:tga:və

Anfang	begynnelse, -n	bə'jʏnəlsə
Beiprogramm	forfilm, -en, -er	ᵛfɔrfɪlm
Film	film, -en, -er	fɪlm
– Farbfilm	fargefilm	ᵛfargəfɪlm
– Kriminalfilm	kriminalfilm	krimɪ'na:lfɪlm
– Kulturfilm	kulturfilm	kʉl'tʉ:rfɪlm
– Spielfilm	spillefilm	ᵛspɪləfɪlm
Filmstar	filmstjerne, -n, -r	'fɪlmstjæ:rnə
Freiluftkino	friluftskino	'fri:lʉftsçi:nu
Leinwand	lerret, -et	ᵛlærət
– Breitwand	wide screen	'vajdskri:n
Wochenschau	ukerevy, -en, -er	ᵛʉ:kəre'vy:

SPORT, WANDERN, ZEITVERTREIB

Sport

Gibt es hier Sportveranstaltungen?
Er det noe idrettsstevne her?
æːr də ˇnuːə ˇiːdrɛtstɛvnə hæːr

Wie kommt man zum Sportplatz?
Hvordan kommer jeg til idrettsplassen?
ˈvurdan ˈkɔmər jæj tɪl ˇiːdrɛtsplasən

Wo kann man hier ...?
Hvor kan man ... her?
vur kan man ... hæːr

angeln	fiske	ˇfɪskə
Ball spielen........	spille ball	ˇspɪlə bal
Boot fahren	ta en båttur	taː ən ˇboːtʉr
eislaufen..........	gå på skøyter	goː po ˇʃœjtər
Fußball spielen.....	sparke fotball	ˇsparkə ˈfu(ː)tbal
Golf spielen	spille golf	ˇspɪlə gɔlf
Hockey spielen	spille hockey	ˇspɪlə ˈhɔkɪ
auf die Jagd gehen..	gå på jakt	goː po ˈjakt
kegeln	spille bowling	ˇspɪlə ˈboulɪŋ
paddeln, rudern	padle, ro	ˇpadlə, ruː
radfahren.........	sykle	ˇsʏklə
ein Reitpferd mieten	leie en ridehest	ˇlæjə ən ˇriːdəhɛst
Schi laufen........	gå på ski	goː po ˈʃiː
schwimmen........	svømme	ˇsvœmə
segeln	seile	ˇsæjlə
Sport treiben	drive idrett	ˇdriːvə ˇiːdrɛt
Tennis spielen	spille tennis	ˇspɪlə ˈtɛnɪs
trainieren.........	trene	ˇtreːnə

Gibt es hier ...?
Finnes det ... her?
fɪns də ... hæːr

Wo finde ich hier ...?
Hvor kan jeg finne ... her?
vur kan jæj ˇfɪnə ... hæːr

eine Eisbahn.......	noen skøytebane	ˇnuːən ˇʃœjtəbaːnə
einen Fußballplatz..	noen fotballplass	ˇnuːən ˇfu(ː)tbalplas
einen Golfplatz	noen golfbane	ˇnuːən ˈgɔlfbaːnə
eine Reitbahn	noen ridebane	ˇnuːən ˇriːdəbaːnə

eine Rennbahn	noen veddeløpsbane	ᵛnu:ən vεdəlø:ps-ba:nə
eine Rodelbahn	noen akebakke	ᵛnu:ən ᵛa:kəbakə
ein Schigelände	noe skiterreng	ᵛnu:ə ˈʃi:tεrεŋ
einen Schießstand ..	noen skytebane	ᵛnu:ən ᵛʃy:təba:nə
ein Schwimmbecken	noe svømmebasseng	ᵛnu:ə ᵛsvœməbasεŋ
einen Tennisplatz...	noen tennisplass	ᵛnu:ən ˈtεnɪsplas

Ich möchte mir ... ansehen.
Jeg har lyst til å se ...
jæj ha:rˈlʏstɪl oˈse:

Wo bekommt man ...?
Hvor kan man få ...?
vur kan man fo(:)

Angelsport	sportsfiske, -t	ˈspɔrtsfɪskə
– Angelschein......	fiskekort, -et, -	ᵛfɪskəkɔrt
– Blinker	blink, -en, -er	blɪŋk
– Fliege	flue, -n, -r	ᵛflʉ:ə
– Haken	fiskekrok, angel	ᵛfɪskəkru:k ˈaŋəl
– Kescher	håv, -en, -er	ho:v
– Köder	agn, -et, -	aŋn
– Rute............	stang, -a, stenger	staŋ, ˈstεŋər
– Spinnrute	spinnestang	ᵛspɪnəstaŋ
Boot	båt, -en, -er	bo:t
– Faltboot	gummibåt, kano, -en, -er	ˈgʉmɪbo:t, ˈka:nu
– Motorboot	motorbåt	ˈmu:turbo:t,
– Paddelboot	kajakk, -en, -er, kano, -en, -er	ˈkajak, kaˈjak, ˈka:nu
– Ruderboot.......	robåt	ˈru:bo:t
– Segelboot	seilbåt	ᵛsæjlbo:t
Boxkampf	boksekamp, -en, -er	ᵛbɔksəkamp
– Ringrichter	ringdommer, -en, -e	ˈrɪŋdɔmər
Eislauf	skøyteløp, -et, -	ᵛʃœjtəlø:p
– Schlittschuhe	skøyter	ˈʃœjtər
Fechten...........	fekting, -a	ᵛfεktɪŋ
Fußball...........	fotball, -en, -er	ᵛfu(:)tbal
– Freistoß	frispark, -et, -	ˈfri:spark
– Strafstoß........	straffespark, -et, -	ᵛstrafəspark
Handball	håndball, -en	ᵛhɔnbal
Hockey...........	hockey, -en	ˈhɔkɪ
– Scheibe	puck, -en, -er	pœk
– Schläger, Stock ..	kølle, -a, -er	ᵛkœlə

Jagd	jakt, -a	jakt
– Pirsch	jakt, -a	jakt
– Jagdschein	jaktkort, -et, -	'jaktkɔrt
Korbball	kurvball, -en	ᵛkʉrvbal
Leichtathletik	friidrett, -en	'friːiːdrɛt
– Diskuswerfen	diskos(kasting)	'dɪskus(kastɪŋ)
– Hammerwerfen	slegge(kasting)	ᵛslɛgə(kastɪŋ)
– Hochsprung	høydehopp, -et, -	ᵛhœjdəhɔp
– Hürdenlauf	hekkeløp, -et, -	ᵛhɛkəløːp
– Kugelstoßen	kulestøt, -et, -	ᵛkʉːləstøːt
– Lauf	løp, et, -	løːp
– Speerwerfen	spydkast, -et, -	ᵛspyːdkast
– Stabhochsprung	stavsprang, -et, -	ᵛstaːvspraŋ
– Staffellauf	stafettløp, -et, -	sta'fɛtløːp
– Weitsprung	lengdehopp, -et, -	ᵛlɛŋdəhɔp
Mannschaft	lag, -et, -	laːg
– Halblinke(r)	indre venstre	ᵛɪndrə 'vɛnstrə
– Halbrechte(r)	indre høyre(løper)	ᵛɪndrə 'hœjrə(løːpər)
– Läufer	half(back), -en	'haːf(bɛk)
– Linksaußen	ytre venstre(løper)	ᵛʏtrə 'vɛnstrə(løːpər)
– Mittelläufer	senter(half[back]), -en	'sɛntər('haːf[bək])
– Mittelstürmer	senterforward	sɛntər'foːvəd
– Rechtsaußen	ytre høyre(løper)	ᵛʏtrə 'hœjrə(løːpər)
– Schiedsrichter	dommer, -en, -e	ᵛdɔmər
– Spieler	spiller, -en, -e	ᵛspɪlər
– Stürmer	løper, -en, -e	ᵛløːpər
– Torwart	målvokter, -en, -e	ᵛmoːlvɔktər
– Verteidiger	back, -en, -er	bɛk
Motorsport	motorsport, -en	'muːturspɔrt
– Autorennen	billøp, -et, -	'biːløːp
– Motorradrennen	motorsykkelløp, -et, -	'muːtursʏkəløːp
– Rennfahrer	racerkjører, -en, -e	'reːsərçøːrər
– Rennwagen	racerbil, -en, -er	'reːsərbiːl
Radsport	sykkelsport, -en	'sʏkəlspɔrt
– Radrennen	sykkelløp, -et, -	'sʏkəløːp
Reitsport	ridesport, -en	ᵛriːdəspɔrt
– Galopprennen	galoppløp, -et, -	ga'lɔpløːp
– Reiter	rytter, -en, -e	'rʏtər

– Rennpferd	veddeløpshest, -en, -er	ᵛvɛdəlø:pshɛst
– Springen	sprang, -et, -	spraŋ
– Trabrennen	travløp, -et, -	ᵛtra:vlø:p
Ringkampf	brytekamp, -en, -er	ᵛbry:təkamp
– Ringer	bryter, -en, -e	ᵛbry:tər
Rodeln	akesport, -en	ᵛa:kəspɔrt
– Rodel	kjelke, -n, -r	ᵛçɛlkə
Rudersport	rosport, -en	ˈru:spɔrt
– Ruder, Riemen	åre, -a, -er	ᵛo:rə
– Ruderregatta	roregatta, -en, -er	ˈru:reˈgata
Schießen	skyting, -a	ᵛʃy:tɪŋ
– Scheibe	skive, -a, -er	ᵛʃi:və
Schisport	skiidrett, -en	ˈʃi:i:drɛt
– Abfahrtslauf	utfor, -et, -	ᵛʉ:tfər
– Bindung	binding, -en, -er	ᵛbɪnɪŋ
– Langlauf	langrenn, -et, -	ᵛlaŋrɛn
– Schibahn	løype, -pa, -r	ᵛlœjpə
– Schiwachs	skismurning, -en, -er	ˈʃi:smø:rnɪŋ
– Sprunglauf	hopprenn, -et, -	ˈhɔprɛn
Schwimmen	svømming, -a	ᵛsvœmɪŋ
– Kopfsprung	stup, -et, -	stʉ:p
– Sprungbrett	stupebrett, -et, -	ᵛstʉ:pəbrɛt
Segelsport	seiling, -a	ᵛsæjlɪŋ
– Segel	seil, -et	sæjl
– Regattasegeln	kappseilas, -en	ᵛkapsæjla:s
Sport	sport, -en	spɔrt
– Bergsport	fjellklatring, -a	ᵛfjɛlklatrɪŋ
– Wassersport	vannsport, -en	ᵛvanspɔrt
– Wintersport	vinteridrett, -en	ᵛvɪntəri:drɛt
Sportler	idrettsmann, -en, ...menn	ᵛi:drɛtsman, -mɛn
Sportnachrichten	sportsnyheter	ˈspɔrtsny:he:tər
Sportverein	idrettsforening, -en, -er	ᵛi:drɛtsfɔre:nɪŋ
Tauchen	dykking, -a	ᵛdʏkɪŋ
– Tauchgerät	dykkerutstyr, -et	ᵛdʏkərʉ:sty:r
Tennis	tennis, -en	ˈtɛnɪs
– Tischtennis	bordtennis	ᵛbu:rtɛnɪs
– Aufschlag	serve, -n	sø:v

– Einzel / Doppel . . .	single / double	'sɪŋəl / 'dœbəl
– Schläger	racket, -en, -er	'ræket
Wettkampf	konkurranse, -n, -r	kɔnkʉ'raŋsə
– Ergebnis	resultat, -et, -r	resʉl'ta:t
– Fehler	feil, -en, -	fæjl
– Halbzeit	halvtid, -en	ᵛhalti:(d)
– Kampfbahn	bane, -n, -r	ᵛba:nə
– Meisterschaft	mesterskap, -et, -	'mɛstərska:p
– Netz	nett, -et, -	nɛt
– Spiel	spill, -et, -	spɪl
– Start	start, -en, -er	sta:rt
– Tor	mål, -et, -	mo:l
– Ziel	mål, -et, -	mo:l

Wanderungen und Ausflüge

Wir möchten morgen eine Bergtour unternehmen.
Vi har lyst til å ta en fjelltur i morgen.
vi ha:r 'lʏstɪl o'ta: ən ᵛfjɛltʉ:r iᵛmo:rən

Wie hoch ist dieser Berg?
Hvor høyt er dette fjellet?
vur 'hœjt æ:r ᵛdɛtə 'fjɛlə

Ist der Aufstieg beschwerlich?
Er oppstigningen slitsom?
æ:r 'ɔpsti:gnɪŋən ᵛsli:tsɔm

Ist die Route nach ... gut markiert?
Er ruten til ... godt merket?
æ:r ᵛrʉ:tən tɪl ... gɔt ᵛmærkət

Ist diese Strecke an einem Tag zu schaffen?
Kan en greie denne strekningen på en dag?
kan en ᵛgræjə ᵛdɛnə ᵛstrɛknɪŋən po e:n da:g

Ist in ... eine Berghütte?
Er det fjellstue på ...?
æ:r də ᵛfjɛlstʉ:ə po

Mit Bedienung?
Med betjening?
me(:) bə'tje:nɪŋ

Können dort auch Nichtmitglieder des DNT übernachten?
Kan andre enn medlemmer av DNT overnatte der?
kan ᵛandrə ɛn ᵛme:dlɛmər a(:v) 'de:ɛn'te: ᵛo:vərnatə dæ:r

Ich möchte an einer *Angelfahrt mit dem Motorboot (Autobusfahrt ins Landesinnere)* teilnehmen.
Jeg har lyst til å bli med på en *fisketur med motorbåt (busstur innover i landet)*.
jæj haːr ˈlʏstɪl oˇbliːmeː po ən ˇfɪskətʉːr me ˈmuːturboːt (ˈbustʉːr ˈɪnoːvər i ˈlanə)

Ich möchte einen Bootsschuppen auf der Insel ... mieten.
Jeg ville gjerne leie en rorbu på øya ...
jæj ˇvɪlə ˇjæːrnə ˇlæjə ən ˈruːrbʉː po ˈœja

Kann man bei Ihnen *Schi (ein Boot, ein Zelt)* ausleihen?
Har De *ski (båter, telt)* til utleie?
haːr diː ʃiː (ˇboːtər, tɛlt) tɪl ˇʉːtlæjə

Können wir bei Ihnen etwas zu essen *bekommen (kaufen)*?
Kan vi *få (få kjøpt)* noe å spise hos Dem?
kan vi foː (foˈçœpt) ˇnuːə oˇspiːsə hus dɛm

Darf ich hier für einige Tage mein Zelt aufschlagen?
Får jeg lov å slå telt her for et par dager?
foːr jæj ˈloːv o sloːˈtɛlt hæːr fər ət ˈpar ˇdaːgər

Gibt es in der Nähe gute Angelplätze?
Er det noen gode fiskeplasser i nærheten?
æːr də ˇnuːən ˇguːə ˇfɪskəplasər i ˈnæːrheːtən

Abstecher	avstikker, -en, -e	ˇaːvstɪkər
Abzweigung	veidele, -t, -r	ˇvæjdeːlə
per Anhalter fahren .	haike	ˇhajkə
Ausflug	tur, -en, -er	tʉːr
– ganztägiger A. ...	dagstur	ˈdakstʉːr
– Halbtagsausflug ..	halvdagstur	ˈhaldakstʉːr
– Schiffsausflug	sjøtur; båttur	ˇʃøːtʉːr, ˇboːtʉːr
Aussicht	utsikt, -en, -er	ˇʉːtsɪkt
Bach	bekk, -en, -er	bɛk
Baum	tre, -et, trær	treː
Berghotel	høyfjellshotell, -et, -	ˇhœjfjɛlshuˈtɛl

Bergstraße	høyfjellsvei, -en, -er	ᵛhœjfjɛlsvæj
Besteigung	bestigning, -en, -er	bəˈstiːgnɪŋ
Gipfel	nut; (fjell)topp, -en, -er	nʉːt, (ᵛfjɛl)tɔp
Gletscher	bre, -en, -er	breː
Hügel	ås, -en, -er; kolle, -n, -r	oːs, ᵛkɔlə
Lappendorf	samelandsby, -en, -er	ᵛsaːməlansbyː
Reichsstraße	riksvei, -en, -er	ˈrɪksvæj
Rucksack	ryggsekk, -en, -er	ᵛrʏgsɛk
Rückweg	hjemvei, -en	ᵛjɛmvæj
Ruhepause	hvil, rast, -en, -er	viːl, rast
Rundfahrt	rundtur, -en, -er	ᵛrʉntʉːr
Schlafsack	sovepose, -n, -r	ᵛsoːvəpuːsə
Sessellift	stolheis, -en, -er	ᵛstuːlhæjs
Stromschnelle	stryk, -et, -	stryːk
Tal	dal, -en, -er	daːl
Übernachtung	overnatting, -en, -er	ᵛoːvərnatɪŋ
Umweg	omvei, -en, -er	ᵛɔmvæj
Wald	skog, -en, -er	skuːg
Wanderung	fottur, -en, -er	ᵛfuːtʉːr
– Schiwanderung	skitur, -en, -er	ˈʃiːtʉːr
Wanderweg	sti; turvei, -en, -er	stiː, ˈtʉːrvæj
Wasserfall	foss, -en, -er	fɔs
Zelt	telt, -et, -	tɛlt

Baden

Wo kann man hier baden?
Hvor kan man bade her?
vur kan man ᵛbaːdə hæːr

Darf man hier baden?
Er det lov til å bade her?
æːr də ˈloːv tɪl oᵛbaːdə hæːr

Ist das Wasser *tief (kalt, warm)*?
Er det *dypt (kaldt, varmt)* vann?
æːr də ˈdʏpt (ˈkalt, ˈvarmt) ˈvan

Es ist ... Meter tief.
Det er ... meter dypt.
də æːr ... ˈmeːtər ˈdʏpt

Ist es für Kinder nicht gefährlich?
Er det ikke farlig for barn?
æːr də ᵛɪkə ᵛfaːrlɪ fər ˈbaːrn

Gibt es hier Strömungen?
Er det strøm?
æːr də ˈstrœm

Ist die Strömung gefährlich?
Er strømmen farlig?
æːr ˈstrœmən ˇfaːrlı

Leihen Sie mir bitte ...
Kan jeg få låne ...
kan jæj fo ˇloːnə

einen Badeanzug ...	en badedrakt	ən ˇbaːdədrakt
eine Badehaube	en badehette	ən ˇbaːdəhɛtə
eine Badehose	en badebukse	ən ˇbaːdəbuksə
ein Badetuch	et badehåndkle	ət ˇbaːdəhɔnkle
einen Bademantel ..	en badekåpe	ən ˇbaːdəkoːpə
Badeschuhe	badesko	ˇbaːdəskuː
ein Handtuch	et håndkle	ət ˇhɔnkle

Wo ist *der Bademeister (die Badefrau)*?
Hvor er *bademesteren (badekona)*?
vur æːr ˇbaːdəmɛstərən (ˇbaːdəkuːna)

Ich möchte ... mieten.
Jeg vil gjerne leie ...
jæj vıl ˇjæːrnə ˇlæjə

Kann ich ... mieten?
Kan jeg få leid ...?
kan jæj fo ˈlæjd

eine Kabine	en kabin	ən kaˈbiːn
einen Liegestuhl....	en liggestol	ən ˇlıgəstuːl
einen Sonnenschirm.	en parasoll	ən paraˈsɔl
einen Strandkorb ..	en strandkurv	ən ˇstrankʉrv

Wie hoch ist die Leihgebühr?
Hvor stor er leien?
vur stuːr æːr ˇlæjən

Wieviel kostet es für einen Tag?
Hvor mye koster det for en dag?
vur ˇmyːə ˇkɔstər də fɔr ən ˈdaːg

Wie weit darf man hinausschwimmen?
Hvor langt ut kan man svømme?
vur laŋt ʉːt kan man ˇsvœmə

Hilfe!
Hjelp!
jɛlp

Nicht baden, wenn die rote Fahne aufgezogen ist!
Ikke bad når det røde flagget er heist!
ˇıkə baːd nɔr də ˇrøːə ˈflagə æːr ˈhæjst

Bad	bad, -et, -	baːd
– kaltes...........	kaldt	kalt
– warmes	varmt	varmt

– Dampfbad	dampbad	ˈdampbaːd
– Freibad	friluftsbad	ˈfriːlʉftsbaːd
– Fußbad	fotbad	ˇfuːtbaːd
– Hallenbad	svømmehall, -en, -er	ˇsvœməhal
– Seebad	sjøbad	ˇʃøːbaːd
– Strandbad	badestrand, -a, -strender	ˇbaːdəstran, -strɛnər
– Wannenbad	karbad	ˇkaːrbaːd
Badeanstalt	bad, -et, -	baːd
baden	bade	ˇbaːdə
Badeort	badested, -et, -er	ˇbaːdəsteː(d)
Badesaison	badesesong, -en, -er	ˇbaːdəsɛˈsɔŋ
Badewanne	badekar, -et, -	ˇbaːdəkaːr
Brause, Dusche	dusj, -en, -er	dʉʃ
Brunnen	brønn, -en, -er	brœn
– Mineralbrunnen	mineralkilde, -n, -r	minəˈraːlçɪldə
Erholungsheim	rekreasjonshjem, -met, -	rəkreaˈʃuːnsjɛm
Heilquellen	sunnhetskilde, -n, -r	ˈsʉnheːtsçɪldə
Kur	kur, -en, -er	kʉːr
Kurort	kursted, -et, -er	ˈkʉːrsteː(d)
Kurtaxe	kuravgift, -en, -er	ˈkʉːraːvjɪft
Luftmatratze	luftmadrass, -en, -er	ˈlʉftmadras
Massage	massasje, -n	maˈsaːʃə
massieren	massere	maˈseːrə
Meer	hav, -et, -	haːv
– Boje	bøye, -a, -er	ˇbœjə
– Brandung	brenning, -en, -er	ˇbrɛnɪŋ
– Bucht	bukt, -a, -er	bukt
– Felsen, Klippen	svaberg, -et, -	ˇsvaːbærg
– Steine	stein, -en	stæjn
Quelle	kilde, -n, -r	ˇçɪldə
Sand	sand, -en	san
Sauna	badstu, -a, -er	ˇbastʉː
Schatten	skygge, -n, -r	ˇʃʏgə
Sonnenbad	solbad, -et, -	ˇsuːlbaːd
Sonnenbrand	solbrenthet, -en	ˇsuːlbrɛntheːt
Strand	strand, -a, strender	stran, ˈstrɛnər
– Sandstrand	sandstrand	ˇsanstran

Tanzen

Wo kann man hier tanzen?
Hvor kan man danse her?
vur kan man ᵛdansə hæːr

Ich möchte ein Tanzlokal besuchen.
Jeg vil gjerne til et dansested.
jæj vɪl ᵛjæːrnə tɪl ət ᵛdansəsteːd

Ich möchte einen Tisch für ... Personen.
Jeg ville gjerne ha et bord til ... personer.
jæj ᵛvɪlə ᵛjæːrnə ha ət ˈbuːr tɪl ... pærˈsuːnər

In der Nähe des Orchesters.
I nærheten av orkesteret.
i ˈnæːrheːtən a(ː)v ɔrˈkɛstrə

An der Tanzfläche.
Ved dansegulvet.
ve(ː) ᵛdansəgʉlvə

Wollen wir tanzen?
Skal vi danse?
skal vi ᵛdansə

Ich würde gern tanzen.
Jeg skulle ha lyst til å danse.
jæj ᵛskʉlə haˈlʏst tɪl oᵛdansə

Gnädige Frau, gestatten Sie?
Får jeg lov?
fo(ː)r jæj ˈloːv

Danke, ich tanze nicht.
Takk, jeg danser ikke.
tak jæj ᵛdansər ᵛɪkə

Gestatten Sie mir diesen Tanz?
Kan jeg få denne dansen?
kan jæj foː ᵛdɛnə ˈdansən

Tanzen Sie nicht?
Danser De ikke?
ᵛdansər di ᵛɪkə

Darf ich Sie um den nächsten Tanz bitten?
Får jeg be om den neste dansen?
foːr jæj ˈbeːɔm dən ᵛnɛstə ˈdansən

Tanzen Sie gern?
Er De glad i å danse?
æːr di ˈglaː i oᵛdansə

Sie tanzen sehr gut.
De danser veldig godt.
di ᵛdansər ᵛvɛldɪ ˈgɔt

Tanzen wir noch einmal?
Skal vi danse en gang til?
skal vi ᵛdansə eːnˈgaŋ ˈtɪl

Ich tanze sehr gern mit Ihnen.
Jeg liker å danse med Dem.
jæj ˈliːkər oᵛdansə me ˈdɛm

Vielen Dank für den netten Abend!
Tusen takk for den hyggelige kvelden!
ˈtʉːsən ˈtak fɔr dən ᵛhʏgəlɪə ˈkvɛlən

Zeitvertreib

Was wollen wir heute abend tun?
Hva skal vi gjøre i kveld?
va: skal vi ᵛjø:rə i'kvɛl

Gibt es hier Fernsehen?
Er det fjernsyn her?
æ:r də ᵛfjæ:rnsy:n hæ:r

Würden Sie bitte das *Radio (Fernsehgerät)* anstellen?
Kan De sette på *radioen (fjernsynet)*?
kan di ᵛsɛtəpo 'ra:dɪuən (ᵛfjæ:rnsy:nə)

Was wird heute abend übertragen?
Hva sender de i kveld?
va: ᵛsɛnər di i'kvɛl

Welcher Sender ist das?
Hvilken stasjon er det?
ᵛvɪlkən sta'ʃu:n æ:r 'de:

Könnten Sie es etwas *leiser (lauter)* stellen?
Kan De skru den litt *lavere (høyere)*?
kan di 'skrʉ: dən lɪt ᵛla:vərə (ᵛhœjərə)

Welches Spiel bevorzugen Sie?
Hva liker De best å spille?
va: 'li:kər di 'bɛst oᵛspɪlə

Spielen Sie Karten?
Spiller De kort?
ᵛspɪlər di 'kɔrt

Spielen wir eine Partie ...?
Skal vi ta et parti ...?
skal vi 'ta: ət par'ti:

Wie hoch spielen Sie?
Hvor høyt spiller De?
vur 'hœjt ᵛspɪlər di

Billard	biljard, -en	bɪl'ja:rd
– Billardkugel	biljardkule, -a, -er	bɪl'ja:rdkʉ:lə
– Billardstock	biljardkø, -en, -er	bɪl'ja:rdkø:
– Billardtisch	biljardbord, -et, -	bɪl'ja:rdbu:r
Bridge	bridge, -n	brɪtʃ
Damespiel	dam, -men	da(:)m
– Stein	dambrikke, -n, -r	'dambrɪkə
Domino	domino, -en	'dumɪnu
Kartenspiel	kortspill, -et, -	'kɔrtspɪl
– ein Spiel Karten ..	kortstokk, -en, -er	'kɔrtstɔk
– Spielkarte	spillkort, -et, -	'spɪlkɔrt
– Bube	knekt, -en, -er	knɛkt
– Dame	dame, -a, -er	ᵛda:mə
– König	konge, -n, -r	ᵛkɔŋə

– As	ess, -et, -	εs
– Herz	hjerter, -en, -	ˇjærtər (ˈjærtər)
– Karo	ruter, -en, -	ˇruːtər (ˈruːtər)
– Kreuz	kløver, -en, -	ˈkløː(ː)vər
– Pik	spar, -en, -	spaːr
– Farbe	farge, -n, -r	ˇfargə
– Stich	stikk, -et, -	stɪk
– Trumpf	trumf, -en, -	trumf
Klub	klubb, -en, -er	klʉb
– Nachtklub	nattklubb	ˇnatklʉb
Rundfunk / Fernsehen	kringkasting, -a	ˇkrɪŋkastɪŋ
– Rundfunkempfänger	radioapparat, -et, -er	ˈraːdɪuapaˈraːt
– Kofferradio	reiseradio, -en, -er	ˇræjsəraːdɪu
– Ansager	hallomann, -en, ...menn	haˈluːman, -mεn
– Bildschirm	(bilde)skjerm, -en, -er	(ˇbɪldə)ʃærm
– einschalten	sette på	ˇsεtəpo(ː)
– einstellen	innstille	ˈɪnstɪlə
– Empfang	mottakerforhold *(nur Mehrz.)*	ˇmuːtaːkərfərhəl
– Fernsehspiel	fjernsynspill, -et, -	ˇfjæːrnsyːnspɪl
– hören	høre på, lytte	ˇhøːrəpo(ː), ˇlʏtə
– Lautsprecher	høyttaler, -en, -e	ˈhœjtaːlər
– Lautstärke	(lyd)styrke, -n	ˇ(lyːd)stʏrkə
– Mikrophon	mikrofon, -en, -er	mɪkruˈfuːn
– Nachrichten	dagsnytt	ˈdaksnʏt
– Plattenspieler	platespiller, -en, -e	ˇplaːtəspɪlər
– Schallplatte	grammofonplate, -a, -er	gramuˈfuːnplaːtə
– Sender	stasjon, -en, -er	staˈʃuːn
– Sendung	sending, -a, -er	ˇsεnɪŋ
– Störung	forstyrrelse, -n, -r	fərˈstʏrəlsə
– Tonbandgerät	båndopptaker, -en, -e	ˇbənəptaːkər
– Wellenlänge	bølgelengde, -n, -r	ˇbœlgəlεŋdə
– Kurzwelle	kortbølge, -n	ˇkərtbœlgə
– Langwelle	langbølge, -n	ˇlaŋbœlgə

– Mittelwelle	mellombølge, -n	ᵛmɛləmbœlgə
– Ultrakurzwelle	ultrakortbølge, -n	'ʉltra ᵛkɔrtbœlgə
– Zeitansage	tidssignal, -et	'tɪtsɪŋna:l
Schach	sjakk, -en	ʃak
– Brett	brett, -et, -	brɛt
– Figur	brikke, -n, -r	ᵛbrɪkə
– Bauer	bonde, -n, bønder	ᵛbunə, 'bœnər
– König	konge, -n, -r	ᵛkɔŋə
– Königin	dronning, -a, -er	ᵛdrɔnɪŋ
– Läufer	løper, -en, -e	ᵛlø:pər
– Springer	springer, -en, -e; hest, -en, -er	ᵛsprɪŋər, hɛst
– Turm	tårn, -et, -	to:rn
– Feld	felt, -et, -er; rute, a, -er	fɛlt, ᵛrʉ:tə
– rochieren	rokere	ro'ke:rə
Spiel	spill, -et, -	spɪl
– abheben	ta av	ᵛta:a:(v)
– ausspielen	spille ut	ᵛspɪlə ʉ:t
– Bankhalter	bankholder, -en, -e	'baŋkhɔlər
– Einsatz	innsats, -en, -er	ᵛɪnsats
– geben	gi	ji:
– mischen	stokke, blande	ᵛstɔkə, ᵛblanə
– setzen	satse	ᵛsatsə
– ziehen	flytte, trekke	ᵛflʏtə, ᵛtrɛkə
– Zug	trekk, -et, -	trɛk
Spielsaal	spillesal, en, -er	ᵛspɪləsa:l
Spielmarken	jetong, -en, -er	ʃe'tɔŋ
Spielplatz	spilleplass, -en, -er	ᵛspɪləplas
Tricktrack	trikk-trakk	'trɪktrak
Würfel	terning, -en, -er	ᵛtæ:rnɪŋ
würfeln	kaste terninger	ᵛkastə ᵛtæ:rnɪŋər
Zeitschrift	tidsskrift, -et, -er	'tɪtskrɪft
– lesen	lese	ᵛle:sə
– Illustrierte	ukeblad, -et, -(er)	ᵛʉ:kəbla:
– Modezeitschrift	motejournal, -en, -er	ᵛmu:təʃur'na:l
– Witzblatt	vittighetsblad, -et, -(er)	ᵛvɪtɪhe:tsbla:
Zeitung	avis, -a, -er	a'vi:s
Zeitvertreib	tidsfordriv, -et	'tɪtsfɔrdri:v

DAS WICHTIGSTE AUS DER GRAMMATIK

Artikel und Substantiv

Geschlecht

Die norwegische Sprache unterscheidet dieselben drei Geschlechter wie das Deutsche: Maskulinum, Femininum und Neutrum, aber die meisten femininen Substantive können auch als Maskulina dekliniert werden: sola oder solen — *die Sonne.*

Der bestimmte Artikel

ist im Norwegischen eine Endung. Diese heißt im Singular Mask.: **-en**, Fem.: **-a** (oder auch **-en**), Neutr.: **-et** (die Aussprache jedoch [-ə] ohne t!); im Plural **-ene**.
Beispiele: gutt *Junge*, gutt**en** *der Junge*; dør *Tür*, dør**a** (od. dør**en**) *die Tür*; sted *Ort*, sted**et** *der Ort*; gutt**ene**, dør**ene**, sted**ene** *die Jungen, die Türen, die Orte.*
Substantive, die auf ein unbetontes **-e** enden, stoßen dieses e vor dem Artikel aus: **kirke** — **kirken** (*die*) *Kirche.*
Steht ein Adjektiv vor dem Substantiv, so wird vor das Adjektiv das Demonstrativpronomen **den** / **det** / **de** (Seite 185) gesetzt. Das Substantiv hat in diesem Fall normalerweise die bestimmte Form: **den store gutten** *der große Junge.*

Der unbestimmte Artikel

heißt im Maskulinum **en** [ən], im Femininum **en** [ən] oder — seltener — **ei** [æj] und im Neutrum **et** [ət]. (Dieser Artikel berührt sich mit dem Zahlwort (eins) — vgl. dazu Kästchen Seite 26.)
Mit der etwaigen Bedeutung von „ein", „irgendein", „irgendwelche" steht vor dem Substantiv öfters **noen** (Mask., Fem.), **noe** (Neutr.), **noen** (Plur.): **Er det noen lege her? Er det noen leger her?** — *Gibt es hier einen Arzt / Ärzte?*

Kasus

Nominativ, Dativ und Akkusativ sind gleich.
Der Genitiv wird durch die Endung -s gebildet: **en gutts** *eines Jungen*, **guttens** *des Jungen*, **(to) gutters** *(zweier) Jungen*, **(de to) guttenes** *der (beiden) Jungen.*
Der Genitiv kommt viel seltener vor als im Deutschen, man ersetzt ihn meistens durch ein Präpositionalgefüge, bes. mit der Präposition **til.**

Mehrzahlbildung

1. Deklination (Haupttyp der Maskulina, der Feminina und der mehrsilbigen Neutra): unbestimmt **-er**, bestimmt **-ene**:
gutt — **gutter** — **guttene** *Junge.*

2. Deklination (Maskulina auf **-er**): unbestimmt **-e**, bestimmt **-ne**: **arbeider — arbeidere — arbeiderne** *Arbeiter*.
3. Deklination (eine kleine Gruppe Feminina und Neutra): Plural mit Vokaländerung, unbestimmt **-r**, bestimmt **-rne**: **tre — trær — trærne** *Baum*.
4. Deklination (Haupttyp der einsilbigen Neutra, auch viele mehrsilbige Neutra und einige Maskulina und Feminina gehören hierher): unbestimmt ohne Endung, bestimmt **-ene** oder **-a**: **unntak – unntak – unntakene** *Ausnahme*, **barn – barn – barna** *Kind*.

Das Adjektiv

Deklination

Das Adjektiv richtet sich in Geschlecht und Zahl nach dem Substantiv, zu dem es gehört, und zwar nicht nur, wenn es vor dem Substantiv steht, sondern auch, wenn es ihm folgt. Man unterscheidet eine schwache und eine starke Deklination.

a) Schwach: Endung **-e**: **den grønne bilen** *das grüne Auto*, **de grønne trærne** *die grünen Bäume*. Adjektive auf **-å** bleiben unverändert: **den blå bilen** *das blaue Auto*.

b) Stark: 1. Maskulinum und Femininum: keine Endung; 2. Neutrum: Endung **-t** (jedoch nach **-ig**, **-lig** keine Endung: **et herlig vær** *ein herrliches Wetter*; nach Vokal **-tt**: **et blått hav** *ein blaues Meer*); 3. Plural: Endung **-e**.

Beispiele: **stor** — groß

1. **stor:** **en stor bil**; **bilen er stor** *das Auto ist groß*,
2. **stort:** **et stort hus**; **huset er stort** *das Haus ist groß*,
3. **store:** **store biler**; **bilene er store** *die Autos sind groß*.

Steigerung

1. *Regelmäßig:*

Positiv:	*Komparativ:*	*Superlativ:*
sterk *stark*	sterkere	sterkest

2. *Adjektive auf* **-e**, **-et**, **-sk**, **-isk**, **-ende:**

øde *öde*	**mer** øde	**mest** øde

3. *Unregelmäßige Adjektive, Adverbien und Pronomen:*

gammel	*alt*	eldre	eldst	**stor**	*groß*	større	størst
god	*gut*	bedre	best	**tung**	*schwer*	tyngre	tyngst
lang	*lang*	lengre	lengst	**ung**	*jung*	yngre	yngst
liten	*klein*	mindre	minst	**vond**	*schlecht*	verre	verst
nær	*nahe*	nærmere	nærmest / nest	**gjerne**	*gern*	heller	helst
				godt	*gut*	bedre	best

vel	*wohl*	bedre	best	**mange**	*viele*	flere	flest
få	*wenig(e)*	færre	færrest	**mye**	*viel(es)*	mer	mest

Das Adverb

Die gebräuchlichsten eigentlichen Adverbien

bald	snart	*schon*	alt, allerede
da, dann	da	*seitdem, seither*	siden
da, dort	der	*so (alt, groß)*	så (gammel, stor)
dahin	dit	*so (in dies. Weise)*	slik, sånn
dafür	til gjengjeld	*sofort*	straks
darum	derfor	*sonst*	ellers
eben	nettopp	*vorher*	før
fast	nesten	*wann*	når
ganz	helt	*warum*	hvorfor
genug	nok	*weit*	langt
nach Hause	hjem	*weiter*	videre
zu Hause	hjemme	*wenig*	lite
hier	her	*ein wenig*	litt
hierher	hit	*wie (alt, groß)*	hvor (gammel, stor)
immer	alltid		
jetzt	nå	*wie (in welcher Weise)*	hvordan
lange	lenge		
nachher	etterpå	*wo*	hvor
nicht	ikke	*woher*	hvor — fra
nie(mals)	aldri	*wohin*	hvor — hen
oft	ofte	*wohl*	vel, nok
schnell	fort	*ziemlich*	ganske, nokså

Weitere Ortsadverbien — siehe Präpositionen S. 186.

Adjektivsadverbien

Viele Adverbien der Art und Weise werden von Adjektiven abgeleitet und meistens wie die starke Form des Neutrums gebildet:

høy — høyt: Han snakker høyt *er spricht laut.*

Steigerung

Die Adverbien bilden ihre Steigerungsgrade wie die Adjektive:

sterkt — sterkere — sterkest stark; **rotet — mer rotet — mest rotet** unordentlich. Unregelmäßig: **gjerne, godt, vel** — siehe Adjektiv — Steigerung.

Pronomen

Persönliche, reflexive, reziproke und possessive Pronomen

	1. Person	2. Person	3. Person
Einzahl:			
Pers. pron. Nom. Akk. = Dat.	**jeg** *ich* **meg** *mich* *mir*	**du** *du* **De** *Sie* **deg** *dich* **Dem** *Sie* *dir* *Ihnen*	**han** *er* **hun** *sie* **ham** *ihn* **henne** *sie* *ihm* *ihr*
Reflexivpron.			**seg** *sich*
Possessivpron.	**min** *mein*	**din** *dein* **Deres** *Ihr*	**hans** *sein* **hennes** *ihr* **sin** *sein / ihr*
Mehrzahl:			
Pers. pron. Nom. Akk. = Dat.	**vi** *wir* **oss** *uns*	**dere** *ihr* **De** *Sie* **dere** *euch* **Dem** *Sie* *Ihnen*	**de** *sie* **dem** *sie* *ihnen*
Reflexivpron.			**seg** *sich*
Possessivpron.	**vår** *unser*	**deres** *euer* **Deres** *Ihr*	**deres** *ihr* **sin** *ihr*
Reziprokpron.	**hverandre**	**hverandre**	**hverandre** *einander*

Einige Possessivpronomen werden flektiert: *mask.* **min, vår**; *fem.* **mi(n), vår**; *neutr.* **mitt, vårt**; *Plur.* **mine, våre.** Wie **min** auch **din, sin.** Unflektierbar sind **hans, hennes, deres, Deres.**

Die Verwendung der obigen Pronomen weicht im folgenden vom Deutschen ab:

a) Die persönlichen Pronomen **han** und **hun** bezeichnen ausschließlich Menschen. Für Tiere, Gegenstände, Begriffe wird das Demonstrativpronomen **den / det** benutzt.

b) Das Reflexivpronomen wird nicht in der höflichen Anrede verwendet: Setzen Sie sich! = sett **Dem!** (Aber: Die Kinder setzen sich = barna setter **seg.**)

c) Das Reflexivpronomen wird nicht mit reziproker Bedeutung benutzt.

d) Das reflexive Possessivpronomen **sin** bezieht sich auf das Subjekt des gleichen Satzes:
Han tok hatten **sin.** *Er nahm seinen (eigenen) Hut.*
Hun tok hatten **sin.** *Sie nahm ihren (eigenen) Hut.*
Han tok hatten **hans.** *Er nahm den Hut des anderen, dessen Hut.*
Hun tok hatten **hans.** *Sie nahm seinen Hut.*

e) Wie die Beispiele unter d) zeigen, steht das Possessivpronomen **nach** seinem Substantiv.

Fragepronomen

Substantivisch: **hvem** *wer, wen, wem*; **hva** *was.*

Adjektivisch:	*Mask./Fem.*	*Neutr.*	*Plural*	
	hvilken	hvilket	hvilke	*welcher*
	hva for en	hva for et	hva for noen	*welcher*
	hva slags	hva slags	hva slags	*was für (ein)*

Relativpronomen

In der Umgangssprache wird für alle Geschlechter, alle Kasus und beide Zahlen das unveränderliche **som** gebraucht: **Den hatten som henger der, ...** *Der Hut, der da hängt, ...* **De hattene som henger der, ...** *Die Hüte, die da hängen, ...*

Das Relativpronomen darf in jedem Fall wegfallen, wenn es nicht Subjekt ist: **Den hatten som han tok** = **Den hatten han tok** *Der Hut, den er nahm.*

Demonstrativpronomen

Mask./Fem.	*Neutr.*	*Plur.*	
den (der)	det (der)	de (der)	*der (da)*
denne (her)	dette (her)	disse (her)	*dieser (hier)*

den samme	det samme	de samme	*derselbe, der gleiche*
slik	slikt	slike	*solcher*
sånn	sånt	sånne	*solcher*

Unbestimmte Pronomen

Substantivisch: **det** *es*, **man** *man*, **en** *einer, jemand.*

Adjektivisch:

Mask./Fem.	*Neutr.*	*Plural*	
hver	hvert	—	*jeder*
all	alt	alle	*aller*
(en) annen	(et) annet	(noen) andre	*(ein) anderer*
ingen	(intet)	ingen	*keiner*
(mangen)	(mangt)	mange	*(mancher) viele*
noen	noe	noen	*jemand, etwas, einige*

Präpositionen

an	ved; på; til	*neben*	ved siden av
auf	på	*ohne*	uten
aus	av *(Stoff)*; fra	*seit*	siden
bei	hos *(Person)*; ved	*statt*	i stedet for
durch	gjennom	*über*	over
für	for	*um*	om; omkring
gegen	mot	*unter*	under
gegenüber	overfor	*von*	av; fra
hinter	bak	*vor*	foran; før *(Zeit)*
in	i; om *(Zeit)*	*während*	under
mit	med	*wegen*	på grunn av
nach	etter *(Zeit)*; til	*zu*	til
		zwischen	mellom

Alle Präpositionen regieren die Akkusativ-Dativ-Form der persönlichen Pronomen und die Grundform aller anderen Wortarten.

Das Verb

Infinitiv: „zu" vor dem Infinitiv heißt **å**.
Der Infinitiv endet auf **-e: å høre** *zu hören.*
Verben mit auslautendem Stammvokal (Kurzverben) haben keine Endung im Infinitiv: **å stå** *zu stehen.*

Person: Jedes Verb hat in Einzahl und Mehrzahl für alle Personen nur eine Form: (jeg, du, han, vi, dere, de) **er** (ich) *bin*, (du) *bist*, (er) *ist*, (wir, sie) *sind*, (ihr) *seid.*

Das Präsens der Kurzverben endet auf **-r: han står** *er steht*, die meisten Modalverben haben keine Endung: **han kan** *er kann*; sonst ist die Endung **-er: han hører** *er hört.*

Das Präteritum (Imperfekt) der starken Verben hat keine Endung: **han sto** *er stand.* Das Präteritum endet bei den schwachen Verben auf **-et, -te, -de** oder **-dde.**

Das Partizip Perfekt hat dementsprechend die Endungen **-et, -t, -d** und **-dd.**

Das Perfekt und Plusquamperfekt werden durch das Hilfsverb **ha** *haben* plus das Partizip Perfekt gebildet: **han har hørt** *er hat gehört.* Bei Verben, die eine Bewegung ausdrücken, kommt daneben auch das Hilfsverb **være** *sein* vor: **han er** (oder **har**) **reist** *er ist abgereist.*

Das Futur wird durch das Hilfsverb **skal** oder **vil** plus den Infinitiv gebildet. Wie im Deutschen verwendet man dafür oft das einfache Präsens: **Han skal reise** = **vil reise** = **reiser i morgen** *Er wird morgen abreisen, reist morgen ab.*

Das Konditional wird wie das Futur mit den Hilfsverben **skulle** oder **ville** gebildet: **han skulle (ville) reise** *er würde abreisen.*

Das Passiv wird im allgemeinen durch das Hilfsverb **bli** *werden* und das Partizip Perfekt gebildet: **han blir hørt** *er wird gehört.*

Konjunktivformen gibt es in der lebendigen Sprache nicht mehr.

1. Hilfsverben

Infinitiv	*Präsens*	*Präteritum*	*Ptz.-Perf.*	
Perfekthilfsverben:				
ha	har	hadde	hatt	*haben*
være	er	var	vært*)	*sein*
Passivhilfsverb:				
bli	blir	ble	blitt*)	*werden*
Futurhilfsverben:				
skulle	skal	skulle	skullet	*werden (sollen)*
ville	vil	ville	villet	*werden (wollen)*
Modale Hilfsverben:				
burde	bør	burde	burdet	
få	får	fikk	fått	
gidde	gidder	gadd	giddet	
kunne	kan	kunne	kunnet	
måtte	må	måtte	måttet	
skulle	skal	skulle	skullet	
tore	tør	torde	tort	
ville	vil	ville	villet	

*) Man beachte: *ist gewesen* heißt auf Norwegisch **har vært,** *ist (ge)worden* heißt **har blitt** oder **er blitt.**

Die Bedeutung der Modalverben: **jeg bør** *ich müßte eigentlich*; **jeg får** 1) *ich darf*, 2) *ich muß wohl*; **jeg gidder ikke** *ich mag nicht*; **jeg kan** *ich kann*; **jeg må** *ich muß*; **jeg skal** *ich soll*; **jeg tør** 1) *ich wage (zu)*, 2) *ich dürfte*; **jeg vil** *ich will*. — „ich möchte" heißt **jeg ville gjerne.**

2. Schwache Verben

bade	bader	badet	badet	*baden*
høre	hører	hørte	hørt	*hören*
leie	leier	leide	leid	*mieten*
bo	bor	bodde	bodd	*wohnen*

Wie **bade:** die meisten schwachen Verben mit Stammauslaut -b, -d, -g; zwei oder mehr Konsonanten, auch Doppelkonsonanten.
Wie **høre:** die meisten schwachen Verben mit Stammauslaut -ld, -nd, -ng, Einzelkonsonant.
Wie **leie:** die meisten schwachen Verben mit Stammauslaut -ei, -øy, -v.
Wie **bo:** die schwachen Verben, deren Stamm (= Infinitiv) auf einen betonten Vokal enden.

3. Die gebräüchlichsten unregelmäßigen Verben

	Infinitiv	*Präsens*	*Präteritum*	*Partizip Perf.*
bekommen	få	får	fikk	fått
bitten	be	ber	ba(d)	bedt
fahren	fare	farer	for	fart
fallen	falle	faller	falt	falt
finden	finne	finner	fant	funnet
fliegen	fly	flyr	fløy	fløyet
fragen	spørre	spør	spurte	spurt
geben	gi	gir	ga(v)	gitt
gehen	gå	går	gikk	gått
halten	holde	holder	holdt	holdt
helfen	hjelpe	hjelper	hjalp	hjulpet
kommen	komme	kommer	kom	kommet
lassen	la	lar	lot	latt
legen	legge	legger	la	lagt
liegen	ligge	ligger	lå	ligget
nehmen	ta	tar	tok	tatt
sagen	si	sier	sa	sagt
schlafen	sove	sover	sov	sovet
sehen	se	ser	så	sett

setzen	sette	setter	satte	satt
sitzen	sitte	sitter	satt	sittet
stehen	stå	står	sto(d)	stått
tragen	bære	bærer	bar	båret
tun	gjøre	gjør	gjorde	gjort
verkaufen	selge	selger	solgte	solgt
ziehen	dra	drar	dro	dratt(dradd)

Norwegische Wortstellung

Die gewöhnliche Wortstellung im Norwegischen ist: Subjekt, Prädikat (d. i. vollständiges Verb), Dativobjekt (ohne Präposition), Akkusativobjekt: **Hun ga** oder **har gitt ham en krone.** *Sie gab ihm eine Krone* oder *hat ihm eine Krone gegeben.*

Diese Wortfolge bleibt auch im Nebensatz.

Frage und Antwort

Eine Frage wird im Norwegischen im großen und ganzen wie im Deutschen gebildet: **Henter De kofferten?** *Holen Sie den Koffer*? **Når kan De hente kofferten?** *Wann können Sie den Koffer holen*? Da man geneigt ist, den krassen Imperativ zu vermeiden, und da der norwegischen Sprache ein einfaches Wort für „bitte" fehlt, kommen Fragesätze oft mit einer mehr oder weniger auffordernden Bedeutung vor. Häufig wird **ikke** „*nicht*" hinzugefügt. Die Satzmelodie kann steigen oder fallen. So kann man zwischen vier Fragesatztypen unterscheiden:

1. **Henter De kofferten?** Satzmelodie . .	↗	Neutral fragend: Ja oder nein? Erwartete Antwort: ja oder nein.
2. **Henter De kofferten?** Satzmelodie . .	→	Auffordernd: bitte! Erwartete Antwort: ja.
3. **Henter du ikke kofferten?** Satzmelodie . . .	↗	Neutral (überrascht: Stimmt das wirklich nicht?) Erw. Antw.: nein.
4. **Henter ikke du kofferten?** **(Henter du ikke kofferten?)** Satzmelodie . . .	↘	Auffordernd (— überzeugend: Tu mir doch bitte den Gefallen!) Erhoffte Antwort: ja.

Antwort auf positiv gestellte Frage (1 und 2): **ja** *ja*, **nei** *nein*.
Antwort auf negativ gestellte Frage (3 und 4): **jo** *ja*, *doch*, **nei** *nein*.

SACHREGISTER

Sollten Sie in diesem Register das gesuchte Wort nicht finden, dann bitten wir Sie, unter dem entsprechenden Oberbegriff nachzuschlagen, z. B. Montag unter Wochentage, Ostern unter Feiertage, Wintersport unter Sport usw.